Kerstin Reinke

Einfach Deutsch aussprechen

[Phonetischer Einführungskurs
Deutsch als Fremdsprache]

Mit Zeichnungen von
Janina von Niebelschütz

SCHUBERT
Verlag

Das vorliegende Lehrbuch beinhaltet eine Audio-CD.

(2) Hörtext auf CD

Layout und Satz: Diana Becker

Die Beispiele auf der CD wurden gesprochen von:
Axel Thielmann und Claudia Gräf

1. Auflage 2011

Printed in Germany
ISBN: 978-3-941323-14-8

Inhaltsübersicht

Einführung

Erster Kontakt

Eine korrekte Aussprache ist auch in der Fremdsprache Voraussetzung für eine gute kommunikative Sprachkompetenz. Sie ermöglicht es z. B., sich in einem Gespräch verständlich und intentionsgemäß auszudrücken und die Gesprächspartner ebenfalls gut zu verstehen, da (Aus-)Sprechen und Hören aufs Engste miteinander verknüpft sind.

Mit einer fremden Sprache muss man nicht nur neue Wörter und grammatische Regeln erwerben, sondern auch neue und ungewohnte Laute und Lautfolgen. Das gelingt nur ganz wenigen Lernern ohne zusätzliche Hilfe. Die größten Erfolge stellen sich ein, wenn von Anfang an die ungewohnte Aussprache trainiert wird. Dann schleifen sich nämlich sofort korrekte und nicht etwa fehlerhafte Aussprachemuster ein, die sich später nur noch schwer korrigieren lassen.

Der **Phonetische Einführungskurs** will helfen, neue Aussprachemuster von Anfang an zu trainieren.

1. Der **Phonetische Einführungskurs** ist geeignet für Lernende aller Ausgangssprachen und Altersstufen, die am Anfang des Erlernens von Deutsch als Fremdsprache stehen bzw. die erst wenige oder gar keine Kenntnisse in der deutschen Sprache besitzen.
2. Der **Phonetische Einführungskurs** vermittelt auf der Basis leicht verständlicher Übungen Hör- und Aussprachefertigkeiten sowie Kenntnisse zu wichtigen Ausspracheregeln und Regeln der Laut-Buchstaben-Beziehungen.
3. Der **Phonetische Einführungskurs** kann in Verbindung mit jedem beliebigen Sprachkurs und Lehrbuch eingesetzt werden. Er lässt sich sowohl als kompletter Kurs als auch in ausgewählten Teilen durchführen.
4. Der **Phonetische Einführungskurs** verwendet einfache und leicht semantisierbare Lexik, die die Lernenden für einen ersten Kontakt mit Kommunikationspartnern in der deutschen Sprache benötigen.

Im Anhang sind Hinweise für Lehrer zur Arbeit mit diesem Heft zusammengestellt.

Viel Erfolg und viel Freude bei der wichtigen Arbeit an der Aussprache.

Kerstin Reinke

[Schritt 1]

So klingt Deutsch

Erster Kontakt

1] Wie klingt die Sprache?

a) Hören Sie mehrmals. 2
Wie klingt Deutsch und wie klingt Ihre Sprache?

b) Wie gefällt Ihnen Deutsch?
Malen Sie ein Bild oder machen Sie eine Collage.

Deutsch klingt …:

Meine Sprache klingt …:

c) Hören Sie noch einmal. 2
Welche Wörter haben Sie schon verstanden?

2] Bekannte Wörter

a) Markieren Sie. Welche Wörter kennen Sie schon?

b) Lesen Sie die Wörter vor.

Das kenne ich schon:

☐ Hotel 

☐ Köln 

☐ Kaffee 

☐ Oktober 

☐ Auto 

☐ November 

☐ München 

☐ ....

3] Neue Buchstaben

3 a) Hören Sie die Wörter und markieren Sie neue/unbekannte Buchstaben.

Hotel • Kaffee • Auto • München • Köln • Oktober • November

b) Hören Sie die Wörter noch einmal und sprechen Sie nach.

4] Deutsch – und Ihre Sprache?

a) Schreiben Sie die Wörter in Ihrer Sprache auf (wenn möglich).

Deutsch	Ihre Sprache
Hotel	....
Kaffee	....
Auto	....
München	....
Köln	....
Oktober	....
November	....

b) Lesen Sie die Wörter in Ihrer Sprache vor.

5] Was klingt deutsch?

4 a) Hören Sie und markieren Sie: Welches Wort klingt deutsch?

1	2	3	4	5	6	7	8

5 b) Hören Sie die deutschen Wörter und sprechen Sie leise mit.
c) Hören Sie noch einmal und sprechen Sie nach.
d) Lesen Sie die deutschen Wörter vor.

Hotel • Auto • Oktober • Kaffee • Hallo!

[Schritt 2] ABC

Buchstaben und Laute

1] Das Alphabet

Lesen Sie die Buchstaben und markieren Sie.
Welche Buchstaben kennen Sie noch nicht?

A a — *A a* — Arm, Mann — [aː]

B b — *B b* — Bonbon — [beː]

C c — *C c* — Clown, Tasche — [tseː]

D d — *D d* — Dach, Radio — [deː]

E e — *E e* — Erde — [eː]

F f — *F f* — Foto, Brief — [ɛf]

G g — *G g* — Glas, Vogel — [geː]

H h — *H h* — Hahn — [haː]

I i — *I i* — Insel, vier — [iː]

J j — *J j* — Junge, ja — [jɔt]

K k — *K k* — Knopf, Jacke — [kaː]

L l — *L l* — Leipzig, Köln — [ɛl]

M m — *M m* — Mann, Kamm — [ɛm]

N n — *N n* — Nase, Mann — [ɛn]

O o — *O o* — Ohr, Kopf — [oː]

P *P* Puppe p *p* [peː] 	Q *Q* Quadrat q *q* quer [kuː] 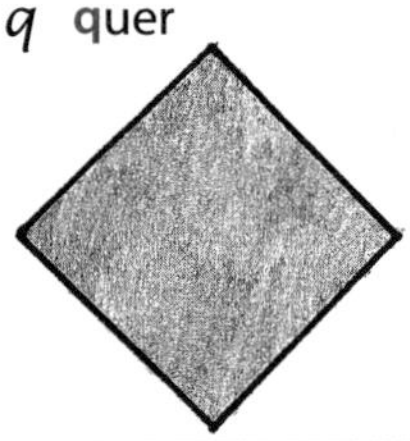	R *R* Regen r *r* Schirm [ɛr] 
S *S* Sessel s *s* [ɛs] 	T *T* Tüte t *t* [teː] 	U *U* Uhr u *u* Blume [uː] 
V *V* Vogel v *v* Klavier [faʊ̯] 	W *W* Wolke w *w* Gewitter [veː] 	X *X* Taxi x *x* [ɪks] 
Y *Y* typisch y *y* [ˈʏpsilɔn] 	Z *Z* Zahn z *z* Arzt [tsɛt] 	Ä *Ä* Ärztin ä *ä* Mädchen [ɛː] 
Ö *Ö* Öl ö *ö* Löffel [øː] 	Ü *Ü* Übung ü *ü* Süden [yː] 	ß *ß* Fuß [ɛstsˈɛt] 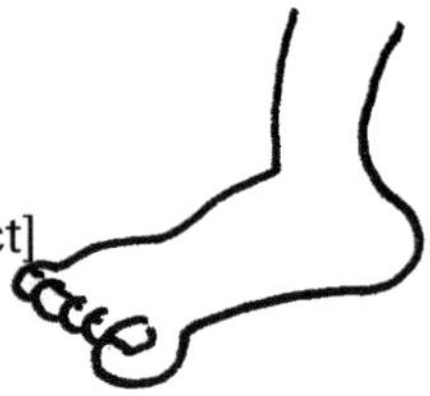

2] Das Alphabet sprechen

a) Hören Sie und lesen Sie mit.
b) Hören Sie noch einmal und sprechen Sie nach.

Z

6

A B C D E F G H I J K L M N O P Q R S T U V W X Y Z Ä Ö Ü ß

c) Sprechen Sie zwei Buchstaben zusammen.

AB CD EF GH IJ KL

MN OP QR ST UV WX

YZ ÄÖ und Üß

WX

d) Sprechen Sie vier Buchstaben zusammen.

ABCD EFGH IJKL MNOP QRST UVWX

YZÄÖ Ü und ß

QRST

3] Vokale und Konsonanten im Alphabet

a) Lesen Sie alle **Vokale** vor.
b) Lesen Sie alle **Konsonanten** vor.

OUY

A B C D E F G H I J K L M N O P Q R S T U V W X Y Z Ä Ö Ü ß

WXZ

c) Markieren Sie in den Wörtern **Vokale** und **Konsonanten**.
d) Lesen Sie in jedem Wort zuerst die **Vokale** und dann die **Konsonanten** vor.

Taxi

Sport

Adresse

Theater

4] Buchstabieren

7 a) Hören Sie und lesen Sie mit.

| Berlin | Leipzig | München | Hamburg | Wolfsburg |

8 b) Hören Sie und zeigen Sie danach mit den Fingern, welcher Ort buchstabiert wird.

7 c) Hören Sie noch einmal die Orte aus a) und sprechen Sie nach.

d) Buchstabieren Sie alle Orte.

e) Buchstabieren Sie Ihren Namen.

P-E-T-E-R

5] Buchstaben schreiben

7 a) Hören Sie noch einmal und schreiben Sie die Buchstaben in die Lücken.

| _erlin | Lei_zig | Mü_chen | H_mb_rg | W__fsb__g |

b) Lesen Sie vor.

6] Buchstaben und Laute

9 a) Hören Sie und lesen Sie mit.

Tee • Sport • Taxi • München • Adresse

b) Ergänzen Sie die Laute aus der Laut-Buchstaben-Tabelle (Seite 54–55).

Wort	T	ee
Laute	t	

Wort	S	p	o	r	t
Laute			ɔ	ʁ	

Wort	T	a	x	i
Laute		ˈa		iː

Wort	M	ü	n	ch	e	n
Laute		ˈʏ			ə	n

Wort	A	d	r	e	ss	e
Laute	a		ʁ	ˈɛ		ə

c) Vergleichen Sie mit der Lösung (Seite 56).

d) Lesen Sie die Wörter vor.

Schritt 3

Von Leipzig nach Berlin

Akzentuierung

●•• / •●• / ••●

1] Silben

a) Hören Sie und klopfen Sie beim zweiten Mal die Silben mit. (10)

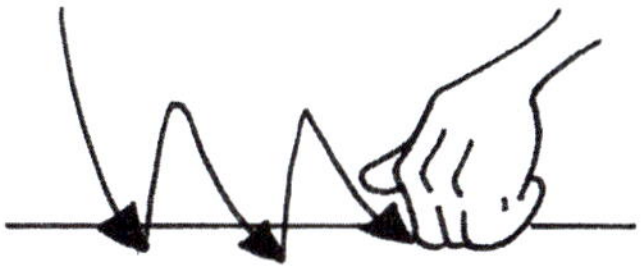

b) Hören Sie noch einmal und markieren Sie, wie viele Silben das Wort hat. (10)

	1 Silbe: ●	2 Silben: ●-●	3 Silben: ●-●-●
1. Hotel		X	
2. Auto			
3. Bus			
4. Flugzeug			
5. Flughafen			
6. Zug			

2] Wortakzentmuster

a) Hören Sie und summen Sie mit.

b) Hören Sie noch einmal und sprechen Sie die Wörter mit. (11)

c) Hören Sie noch einmal und sprechen Sie nach.

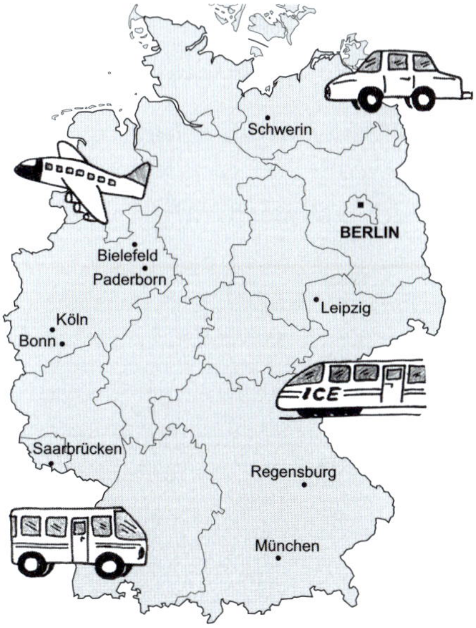

Akzentmuster	Wörter
●	**Zug, Bus, Bonn, Köln**
●•	**Flug**-zeug, **Au**-to, **Leip**-zig, **Mün**-chen
●••	**Flug**-ha-fen, **Au**-to-bahn, **Re**-gens-burg
•●	Ho-**tel**, Pi-**lot**, Ber-**lin**, Schwe-**rin**
•●•	A-**dres**-se, The-**a**-ter, Saar-**brü**-cken
••●	Pa-der-**born**

3] Regeln

- Wörter haben Silben. Eine Silbe im Wort ist betont.
  ⇨ Sie hat den Wortakzent.
- Wortakzente sind in jedem Wort fest, z. B.
- Wortakzente sind sehr laut und deutlich.

●• **Leipzig**
•●• **Theater**

4] Tipps

- **Wörterbuch:**
  Der betonte Vokal ist markiert *(Theater)*.
- **Aussprachetipps:**
  - Wörter summen – betonte Silbe laut, unbetonte Silben leise: **HM**-hm *(**Leip**zig)*, hm-**HM**-hm *(Theater)*.
  - Betonte Silbe laut sprechen, nicht betonte Silben leise sprechen.
  - Silben klopfen/klatschen (**KLOPF**-klopf ⇨ *Leipzig*).

5] Wortakzente erkennen

12 **a)** Hören Sie und klopfen oder summen Sie mit.

Fahr-kar-te • Bahn-hof • Tank-stel-le • Stra-ße • Mu-se-um • Bie-le-feld

12 **b)** Hören Sie noch einmal und markieren Sie. Welches Muster passt?

	●•	●••	•●•
1. Fahrkarte		X	
2. Bahnhof			
3. Tankstelle			
4. Straße			
5. Museum			
6. Bielefeld			

c) Schreiben Sie die Wörter auf Zettel und markieren Sie den Wortakzent (die betonte Silbe).

Flugzeug	Fahrkarte	Auto
Adresse	Tankstelle	Flughafen
Hotel	Autobahn	Pilot
Museum	Leipzig	Berlin

d) Lesen Sie die Wörter vor und achten Sie auf den Wortakzent.
e) Hören Sie die Akzentmuster und zeigen Sie ein passendes Wort. 13

HM-hm
●•

Leipzig

6] Wortakzente erkennen (Orte)

a) Hören Sie und markieren Sie den Wortakzent. 14
b) Hören Sie noch einmal und sprechen Sie nach.

Kontinente:
Eu-ro-pa • A-fri-ka • A-si-en • A-me-ri-ka • Au-stra-li-en

Ich komme aus Europa.

Länder:
Deutsch-land • Ö-ster-reich • Schweiz • I-ta-li-en • Russ-land • Tür-kei • Po-len • I-rak • Chi-na

Ich komme aus Österreich.

Städte:
Leip-zig • Dres-den • Ham-burg • Ros-tock • Ber-lin • Salz-burg • Lu-zern

Ich komme aus Salzburg.

c) Schreiben Sie Ihr Heimatland und Ihre Heimatstadt auf und markieren Sie den Wortakzent.
d) Lesen Sie vor.

....

[Schritt 4] Wie geht es dir? ↗ Danke, → gut. ↘

Melodie

↗ ↘ →

1] So klingt die Melodie

15
a) Hören Sie und summen Sie mit.
b) Hören Sie noch einmal und sprechen Sie mit.
c) Hören Sie noch einmal und sprechen Sie nach.

Hm-hm

↗	HM ↗ hm?	Hal ↗ lo?
↘	HM ↘ hm!	Hal ↘ lo!
→	HM-hm … →	Hallo, → Frau Moll.

3] Regeln

- Die Melodie geht am Ende von Sätzen mit . und ! meist extrem nach unten ↘.
- Die Melodie geht am Ende von Sätzen mit ? meist nach oben ↗.
- Die Melodie bleibt bei , und vor einer Pause meist gleich →.

4] Tipps

- **Regeln:**
  Satzzeichen beachten (vgl. 3.).
- **Ausspracheтipps:**
  - Melodie zuerst summen (vgl. 1).
  - Bei ↘ sehr weit mit der Stimme nach unten gehen und mit Gesten begleiten.

  - Bei ↗ sehr weit mit der Stimme nach oben gehen und mit Gesten begleiten.

5] Die Melodie erkennen

a) Hören Sie und summen Sie mit.
b) Hören Sie noch einmal und markieren Sie. Welche Melodie passt? 16

	↗	↘	→
1. Hallo	X		
2. Hallo			
3. Hallo			
4. Wie heißt du			
5. Ich heiße Tim			
6. Wie geht es dir			
7. Danke			
8. Gut			

c) Hören Sie noch einmal und tragen Sie die Satzzeichen (, . ?) ein. 16
d) Lesen Sie vor.

6] Die Melodie sprechen

Lesen Sie zu zweit vor.

1.
A: Hallo? ↗
B: Hallo. ↘

2.
A: Wie heißt du? ↗
B: Ich heiße *(Ihr Name)*. ↘

3.
A: Wie geht es dir? ↗
B: Danke, → gut. ↘

7] Emotional sprechen

a) Hören Sie und sprechen Sie mit.
b) Hören Sie und sprechen Sie nach. 17

Hallo? ↗
Hallo. ↘

Wie heißt du? ↗
Ich heiße *(Ihr Name)*. ↘

Wie geht es dir? ↗
Danke, → gut. ↘

c) Schreiben Sie Zettel wie in b), ziehen Sie einen Zettel und lesen Sie emotional vor.

Schritt 5

Tafel und Tasche

Lange und kurze Vokale

Aa Oo
Ee Uu
Ii

1] So klingen lange und kurze Vokale

a) Hören Sie die Wortpaare und lesen Sie mit.
18 b) Hören Sie noch einmal und sprechen Sie (mit Gesten) mit.
c) Hören Sie noch einmal und sprechen Sie (mit Gesten) nach.

Vokale

lang/gespannt	kurz/ungespannt
die Tafel	die Tasche
die Schere	das Heft
der Brief	der Stift
das Foto	der Koffer
die Uhr	der Kurs

2] Laut-Buchstaben-Beziehungen

- **lange Vokale:**
  - Doppelvokale *(Zoo)*
  - Vokal + *h (Uhr)*
  - *ie (Brief)*
- **kurze Vokale:**
  - Vokal + Doppelkonsonant *(Koffer)*
  - Vokal + *ck (Zucker)*

3] Tipps

- **Regeln** für Laut-Buchstaben-Beziehungen lernen (vgl. 2).
- **Wörterbuch/Laut-Buchstaben-Tabelle:**
  - Lange Vokale sind unterstrichen *(Uhr)*, kurze Vokale sind unterpunktet *(Kurs)*.
  - Phonetische Zeichen unterscheiden sich bei langen Vokalen (*Uhr* [uː]) und kurzen Vokalen (*Kurs* [ʊ]); lange Vokale sind mit einem [ː] gekennzeichnet [uː].
- **Aussprachetipps:**
  - Länge und Kürze übertreiben.
  - Mit Gesten sprechen (vgl. 1).
  - Lange Vokale mit viel Spannung sprechen.
  - Kurze Vokale ungespannt sprechen.

4] Reime

a) Hören Sie die Wortpaare und markieren Sie. Welche Wörter reimen sich? 19

	Reim?		Reim?
1. Nase – Vase	X	6. Bild – Buch	
2. Uhr – Ohr		7. Bild – Schild	
3. Tasche – Tafel		8. Knopf – Kopf	
4. Tasche – Flasche		9. Buch – Bus	
5. Schrank – Bank		10. Buch – Tuch	

b) Hören Sie die Reimpaare und markieren Sie hier: 20
langer Vokal mit _ – kurzer Vokal mit .

1. Nase – Vase
2. Tasche – Flasche
3. Schrank – Bank
4. Bild – Schild
5. Knopf – Kopf
6. Buch – Tuch

c) Lesen Sie die Reimpaare vor.

5] Emotional sprechen

a) Hören Sie mehrmals und markieren Sie hier: 21
langer Vokal mit _ – kurzer Vokal mit .

Guten Morgen! Guten Tag! Guten Abend! Gute Nacht!

b) Hören Sie noch einmal und sprechen Sie nach. 21

c) Sagen Sie *Hallo!* und *Auf Wiedersehen!* mit Gesten.

6] Buchstaben schreiben

a) Hören Sie und schreiben Sie die Buchstaben. 22

b) Lesen Sie vor.

Schritt 6

Schnee, Regen und Schirme

e-Laute [eː] – [ɛ] – [ɛː] und *i-Laute* [iː] – [ɪ]

1] So klingen *e-* und *i-Laute*

a) Hören Sie die Wortpaare und lesen Sie mit.
23 b) Hören Sie noch einmal und sprechen Sie (mit Gesten) mit.
c) Hören Sie noch einmal und sprechen Sie (mit Gesten) nach.

e-Laute

lang [eː]		kurz [ɛ]	
der Regen der Schnee		das Wetter schlecht	

lang [ɛː]	kurz [ɛ]
das Mädchen	die Männer

i-Laute

lang [iː]		kurz [ɪ]	
vier das Bier		ich der Schirm	

2] Laut-Buchstaben-Beziehungen

[eː]	e	der Regen
	ee	der Schnee
	eh	sehen
[ɛ]	e	das Wetter
	ä	die Männer
[ɛː]	ä	das Mädchen
	äh	zählen
[iː]	i	Ina
	ie	vier
[ɪ]	i	der Schirm

3] Tipps

- **Regeln** für Laut-Buchstaben-Beziehungen lernen (vgl. 2).
- **Wörterbuch/Laut-Buchstaben-Tabelle:**
  - Lange Vokale sind unterstrichen *(Regen)*, kurze Vokale sind unterpunktet *(Wetter)*.
  - Phonetische Zeichen unterscheiden sich bei langen Vokalen *(Regen* [eː]*)* und kurzen Vokalen *(Wetter* [ɛ]*)*.
- **Aussprachetipps:**
  - Länge und Kürze bei Vokalen übertreiben und mit Gesten begleiten.
  - Bei langem [eː] und [iː] lächeln und fröhlich *He!* oder *Hi!* rufen (vgl. 4).

4] Laute üben

a) Langer *e-Laut* [eː] wie in *Schn__ee__*:

Wir sprechen so:

b) Langer *i-Laut* [iː] wie in *s__ie__ben*:

Wir sprechen so:

5] Vokale unterscheiden und Wörter sortieren

a) Hören Sie und lesen Sie mit. 24

Tee • **E**rde • Sch**i**rm • Bl**i**tz • W**e**tter • M**ä**nner • B**ie**r • schl**e**cht

b) Schreiben Sie die Wörter aus a) in die richtige Spalte.

lang		kurz	
e-Laute	**i-Laute**	**e-Laute**	**i-Laute**
Tee			

c) Lesen Sie die Wörter spaltenweise vor.

6] Wörter suchen und sprechen

Machen Sie Zettel und ziehen Sie einen Zettel: Wie heißt das Wort?

7] Emotional sprechen

25 **a)** Hören Sie mehrmals und markieren Sie hier:
langer Vokal mit _ – kurzer Vokal mit .

(1) A: Wie geht es dir?
B: Mir geht es gut.

(2) A: Wie geht es Ihnen?
B: Mir geht es schlecht.
A: Wie bitte?
B: Mir geht es sehr schlecht.

25 **b)** Hören Sie noch einmal und sprechen Sie mit.
c) Hören Sie noch einmal und sprechen Sie nach.
d) Sprechen Sie zu zweit.

8] Buchstaben schreiben

26 **a)** Hören Sie und schreiben Sie die Buchstaben.

b) Lesen Sie vor.

[Schritt 7] Brot, Butter, Töpfe, Schüsseln

o-Laute [oː] – [ɔ] und *u*-Laute [uː] – [ʊ]

ö-Laute [øː] – [œ] und *ü*-Laute [yː] – [ʏ]

Oo Öö
Uu Üü

1] So klingen *o-*, *u-*, *ö-* und *ü*-Laute

a) Hören Sie die Wortpaare und lesen Sie mit.
b) Hören Sie noch einmal und sprechen Sie (mit Gesten) mit. 27
c) Hören Sie noch einmal und sprechen Sie (mit Gesten) nach.

o-Laute	lang [oː]	kurz [ɔ]
	das Brot	der Tọpf
u-Laute	lang [uː]	kurz [ʊ]
	das Buch	die Bụtter
ö-Laute	lang [øː]	kurz [œ]
	das Brötchen	der Lọ̈ffel
ü-Laute	lang [yː]	kurz [ʏ]
	das Müsli	die Schụ̈ssel

2] Laut-Buchstaben-Beziehungen

[oː]	o	das Brot
	oo	der Zoo
	oh	das Ohr
[ɔ]	o	der Tọpf
[uː]	u	das Buch
	uh	die Uhr
[ʊ]	u	die Bụtter
[øː]	ö	das Brötchen
	öh	die Söhne
[œ]	ö	der Lọ̈ffel
[yː]	ü	die Bücher
	üh	die Stühle
[ʏ]		die Schụ̈ssel

3] Tipps

- **Regeln** für Laut-Buchstaben-Beziehungen lernen (vgl. 2).
- **Wörterbuch/Laut-Buchstaben-Tabelle:**
  - Lange Vokale sind unterstrichen *(Ohr)*, kurze Vokale sind unterpunktet *(Tọpf)*.
  - Phonetische Zeichen unterscheiden sich bei langen Vokalen *(Ohr* [oː]*)* und kurzen Vokalen *(Tọpf* [ɔ]*)*.
- **Aussprachetipps:**
  - Länge und Kürze bei Vokalen übertreiben und mit Gesten begleiten.
  - Bei [øː] und [œ] zuerst die Lippen runden und dann *„Heee!“* sagen ⇨ *„Hööö!“*
  - Bei [yː] und [ʏ] zuerst die Lippen runden und dann *„Hiii!“* sagen ⇨ *„Hüüü!“* (vgl. 4).

4] Laute üben

a) Langer *ö-Laut* [øː] wie in *Söhne*:

Wir sprechen so:

Jetzt die Lippen rund!

b) Kurzer *ö-Laut* [œ] wie in *Löffel*:

Wir sprechen so:

Jetzt die Lippen rund!

c) Langer *ü-Laut* [yː] wie in *Bücher*:

Wir sprechen so:

Jetzt die Lippen rund!

d) Kurzer *ü-Laut* [ʏ] wie in *Schüssel*:

Wir sprechen so:

Jetzt die Lippen rund!

5] Vokale unterscheiden

28

a) Hören Sie die Wortpaare und lesen Sie mit.

1. **ö- und ü-Laute:**

lang	**kurz**
Brötchen	Löffel
Müsli	Schüssel

2. **o- und u-Laute:**

Ohr	Uhr
Zoo	zu

3. **o- und ö-Laute:**

Brot	Brötchen
Topf	Töpfe

4. **e- und ö-Laute:**

See	Söhne
Schnee	schön

5. **u- und ü-Laute:**

Buch	Bücher
Wurst	Würstchen

6. **i- und ü-Laute:**

Schirm	Schüssel
sieben	Stühle

28

b) Hören Sie noch einmal und markieren Sie hier:
langer Vokal mit _ – kurzer Vokal mit .

c) Lesen Sie die Wortpaare vor.

6] Wörter erkennen

Machen Sie Zettel und ziehen Sie einen Zettel. Wie heißt das Wort?

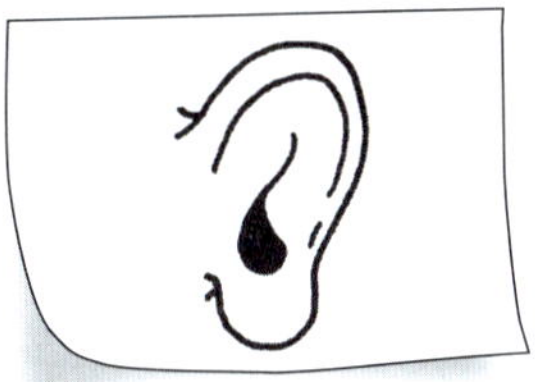

7] Emotional sprechen

29 a) Hören Sie und lesen Sie mit.

1. Schön!
2. So schön!
3. Schön, schön!
4. Sehr schön!
5. Gut!
6. So gut!
7. Sehr gut!
8. Na gut!

b) Hören Sie mehrmals und markieren Sie hier:
29 langer Vokal mit _ – kurzer Vokal mit .

c) Hören Sie noch einmal und sprechen Sie nach.

d) Zeigen Sie auf etwas und sprechen Sie emotional: *Schön! Sehr schön! So schön!*

e) Kombinieren Sie, z. B.: *Die Uhr. Schön!*

	→	
• die Uhr		• Schön!
• der Stuhl		• Sehr schön!
• der Topf		• So schön!
• die Schüssel		• Schön!
• das Buch …		• Schön, schön!

8] Buchstaben schreiben

30 a) Hören Sie und schreiben Sie die Buchstaben.

- Butter
- C_la
- f_nf B_cher
- zw_lf Br_tchen
- ein Br_t
- W_rst
- eine __r

b) Lesen Sie vor.

[Schritt 8] Einkaufen. Alles neu!

Diphthonge [aɛ̯], [aɔ̯], [ɔœ̯]

Ei ei	Eu eu
Ai ai	Äu äu
Au au	

1] So klingen Diphthonge

a) Hören Sie die Wörter und lesen Sie mit.
b) Hören Sie noch einmal und sprechen Sie mit. (31)
c) Hören Sie noch einmal und sprechen Sie nach.

Diphthonge	
ei-Laute [aɛ̯]	der Pr<u>ei</u>s der M<u>ai</u>
au-Laute [aɔ̯]	das H<u>au</u>s das <u>Au</u>to
eu-Laute [ɔœ̯]	die H<u>äu</u>ser der <u>Eu</u>ro

2] Laut-Buchstaben-Beziehungen

[aɛ̯]	ei	der Pr<u>ei</u>s
	ai	der M<u>ai</u>
[aɔ̯]	au	das <u>Au</u>to
[ɔœ̯]	eu	der <u>Eu</u>ro
	äu	die H<u>äu</u>ser

3] Tipps

- **Regeln** für Laut-Buchstaben-Beziehungen lernen, v. a.
  – bei ei-Lauten ([aɛ̯]: *Preis, Mai*)
  – und eu-Lauten ([ɔœ̯]: *Euro, Häuser*).
- **Ausspracheтipps:**
  – Diphthonge immer zusammen und nicht getrennt sprechen ⇨ nicht *E|uro*, sondern *Euro*.
  – Diphthonge kurz sprechen.

4] Dialoge sprechen

a) Hören Sie und lesen Sie mit. (32)

(1) A: Wie viel kostet das **Au**to?
B: Das **Au**to? N**eu**nt**au**send **Eu**ro.
A: Das ist t**eu**er!
B: N**ei**n, das ist nicht t**eu**er!

(2) A: Wie viel kostet das Kl**ei**d?
B: Das Kl**ei**d? Dr**ei**zehn **Eu**ro.
A: Das ist nicht t**eu**er. Das k**au**fe ich.

b) Lesen Sie die Dialoge zu zweit.

5] Wörter sortieren

a) Schreiben Sie die Wörter in die richtige Spalte.

Kleid • Auto • Euro • nein • kaufen • teuer • dreizehn • neun

ei-Laute [aɛ̯]	au-Laute [aɔ̯]	eu-Laute [ɔœ̯]
nein		

b) Lesen Sie die Wörter spaltenweise vor.

6] Wörter erkennen

Machen Sie Zettel und ziehen Sie einen Zettel. Wie heißt das Wort?

7] Emotional sprechen

33 a) Hören Sie und lesen Sie mit.

Nein. • Nein, nein! • Leider nein! • Nicht teuer! • So teuer? • Neun Euro? • Zu teuer! • Au! Das tut weh!

33 b) Hören Sie noch einmal und sprechen Sie nach.

c) Kombinieren Sie, z. B.: *Das Kleid? Nein, zu teuer!*

das Kleid • das Haus • das Auto • die Zeitung → Nein, zu teuer! • So teuer! • Nicht teuer!

8] Buchstaben schreiben

34 a) Hören Sie und schreiben Sie die Buchstaben.

H__te:
zw*ei*ter
M__

W__n:
zw__ __ro

__to:
dr__ __ro

Kl__d:
n__n __ro

b) Lesen Sie vor.

Wasser bitte! Danke!

Reduktionsvokale -*e* [ə] und *er-/-er* [ɐ]

e
er
r

1] So klingen Reduktionsvokale

a) Hören Sie die Wörter und lesen Sie mit.
b) Hören Sie noch einmal und sprechen Sie mit.
c) Hören Sie noch einmal und sprechen Sie nach.

35

Reduktionsvokale	
[ə] in -e/e-	die Blume die Blumen der Besuch
[ɐ] in -er/er-	das Wasser vergessen

2] Laut-Buchstaben-Beziehungen

[ə]	-e	die Blume
	-en	die Blumen
	-~~e~~n	der Süden der Regen die Buchstaben
	-~~e~~l	der Vogel *(Achtung: In -en und -el fällt* [ə] *oft aus.)*
	e-	der Besuch
[ɐ]	-er er-	das Wasser verstehen

3] Tipps

- **Regeln** für Laut-Buchstaben-Beziehungen lernen (vgl. 2).
  [ə] spricht man:
  – in Präfixen *(Besuch)*
  – in Endungen *(Blume, Blumen)*; in *-en* fällt [ə] oft weg (vgl. 2 und 5 c).
  [ɐ] spricht man:
  – in Präfixen *(vergessen)*
  – in Endungen *(Wasser)*.
- **Aussprachetipps:**
  – Beide Reduktionsvokale sehr schwach, leise und undeutlich sprechen (vgl. 4).
  – Endungen nicht betonen.
  – In *-er (verstehen)* und *-er (Wasser)* keinen *r-Laut* sprechen.
  – In *e- (Gewitter)* und *-e (Blume)* keinen richtigen *e-Laut* (wie in *Wẹtter* oder *Schnee*) sprechen.
  – [ə] und [ɐ] klingen ähnlich, aber sie müssen unterschieden werden *(bitte – bitter)*.
  – [ə] *(bitte)* klingt wie ein ganz kurzes *a*.
  – [ɐ] *(bitter)* klingt wie ein ganz kurzes *o*.

4] Laute üben

a) -*e* [ə] wie in *Blume*:

Mund wenig öffnen:
Wir sprechen ein ganz kurzes *a*!

b) -*er* [ɐ] wie in *Wasser*:

Mund wenig öffnen:
Wir sprechen ein ganz kurzes *o*! (Achtung: Lippen nicht runden!)

5] Wörter unterscheiden

36 **a)** Hören Sie und sprechen Sie nach: -*e* [ə] und -*er* [ɐ].

-*e* [ə] – bitt**e** -*er* [ɐ] – bitt**er**

37 **b)** Hören Sie und markieren Sie. Welches Wort hören Sie?

	bitte	bitter
1.	X	
2.		
3.		
4.		

38 **c)** Hören Sie die Wortpaare und sprechen Sie nach: -*en* und -*el* mit -*e* und ohne -*e*!

mit -*e*	ohne -*e*
Süd**en**	Süd~~e~~**n**
Reg**en**	Reg~~e~~**n**
Buchstab**en**	Buchstab~~e~~**n**
Vog**el**	Vog~~e~~**l**

d) Lesen Sie die Wortpaare vor.

6] Emotional sprechen

39 **a)** Hören Sie und lesen Sie mit.

(1) A: Das Wasser.
Bitte!
B: Danke!
Vielen Dank!

(2) A: Guten Tag!
Wie heißen Sie?
B: Ich heiße Peter.

(3) A: Guten Morgen.
Sprechen Sie Deutsch?
B: Ja, ein bisschen.

b) Hören Sie mehrmals und markieren Sie: *-e*, *-en*, *-er*. 39

c) Hören Sie noch einmal und sprechen Sie nach.

d) Sprechen Sie die Dialoge (aus a) zu zweit.

e) Kombinieren Sie Wörter mit *„Bitte!"* und *„Danke!"* und üben Sie zu zweit:
z. B. *A: Das Heft. Bitte! – B: Danke!*

die Blume • das Wasser • die Tasche • die Tasse • der Löffel • die Bücher	→	Bitte! • Danke!

7] Buchstaben schreiben

a) Hören Sie und schreiben Sie die Buchstaben. 40

b) Lesen Sie vor.

Schritt 10 Briefe und Postkarten

Plosive [p – b], [t – d], [k – g]

Pp	Bb
Tt	Dd
Kk	Gg

1] So klingen *p-, t-, k-Laute* und *b-, d-, g-Laute*

a) Hören Sie die Wörter und lesen Sie mit.
41 b) Hören Sie noch einmal und sprechen Sie (mit Gesten) mit.
c) Hören Sie noch einmal und sprechen Sie (mit Gesten) nach.

Plosive	
stark gespannt (fortis) 	schwach gespannt (lenis) 
[p] die **P**ost	[b] der **B**rief
[t] das **T**elefon	[d] das **D**atum
[k] die **K**arte	[g] das **G**eld

2] Laut-Buchstaben-Beziehungen

[p]	p	die **P**ost
	pp	die Pu**pp**e
	-b	gel**b**
[b]	b	der **B**rief
[t]	t	das **T**elefon
	tt	das We**tt**er
	th	das **Th**eater
	-d	das Lan**d**
[d]	d	das **D**atum
[k]	k	die **K**arte
	ck	Rosto**ck**
	ch(s)	se**chs**
	-g	der Ta**g**

3] Tipps

- **Regeln** für Laut-Buchstaben-Beziehungen lernen (vgl. 2).
  - *b, d, g* werden am Ende von Wörtern immer wie [p, t, k] gesprochen.
- **Aussprachetipps:**

  - [p, t, k] gespannt sprechen.
  - [p, t, k] wie *ph, th, kh* sprechen (vgl. 4 a).
  - [b, d, g] ungespannt sprechen (vgl. 4 b).

4] Laute üben

a) *[p, t, k]* wie in ***P**ost*, ***T**elefon* und ***K**arte*:

Wir sprechen so:

Halten Sie ein Blatt Papier vor die Lippen.

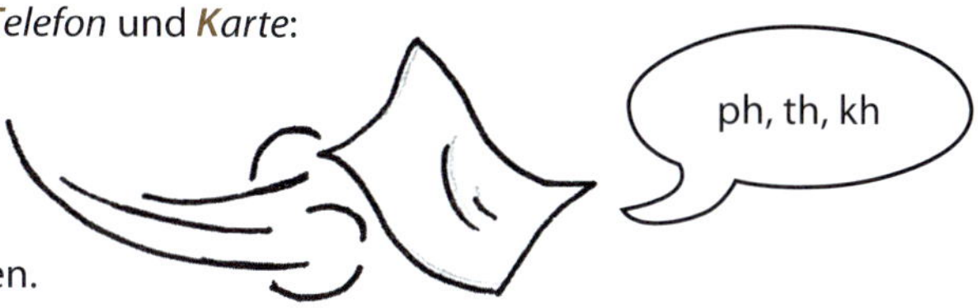

b) *[b, d, g]* wie in ***B**rief*, ***D**atum* und ***G**eld*:

Wir sprechen so:

5] Wörter unterscheiden

a) Hören Sie die Wortpaare und lesen Sie mit. (42)

1.	**[p]**	**[b]**	2.	**[t]**	**[d]**	3.	**[k]**	**[g]**
	Post	**B**rief		**T**opf	**D**ach		**K**arten	**G**arten
	Pu**pp**e	**B**lume		**T**ü**t**e	**D**a**t**um		**K**o**p**f	**G**el**d**

b) Lesen Sie die Wortpaare vor.

6] Laute erkennen

Hören Sie und markieren Sie. In welcher Stadt hören Sie ein …? (43)

	Wo hören Sie ein …	**1. Stadt**	**2. Stadt**	**3. Stadt**
1.	[k]	X		
2.	[p]			
3.	[d]			
4.	[g]			

7] Wörter suchen

a) Suchen Sie auf der Landkarte Städte mit *P, T, K, B, D, G* und scheiben Sie sie auf.

P…	**T…**	**K…**	**B…**	**D…**	**G…**
		Köln			

b) Lesen Sie vor.

8] Emotional sprechen

44 **a)** Hören Sie und lesen Sie mit.

1. Komm!
   Komm bitte!
   Komm doch bitte!

2. Geh!
   Geh bitte!
   Geh doch bitte!

3. Bleib!
   Bleib bitte!
   Bleib doch bitte!

44 b) Hören Sie mehrmals und markieren Sie [p], [b], [t], [d], [k], [g] mit verschiedenen Farben.

c) Hören Sie noch einmal und sprechen Sie nach.

d) Sprechen Sie höflich: *Komm! Komm doch bitte! …*

9] Buchstaben schreiben

45 **a)** Hören Sie und schreiben Sie die Buchstaben.

- Berlin
- _öln
- _rier
- _onn
- _era
- __res_en
- Ros_o__
- _eu_schlan_

b) Lesen Sie vor.

Schritt 11 Wo finde ich das?

Frikative [f – v]

Ff
Ww
Vv

1] So klingen *f-Laute* und *w-Laute*

a) Hören Sie das Wortpaar und lesen Sie mit.
b) Hören Sie noch einmal und sprechen Sie mit.
c) Hören Sie noch einmal und sprechen Sie nach. 46

Frikative	
stark gespannt (fortis)	schwach gespannt (lenis)
[f]	[v]
der **F**isch	der **W**ein

2] Laut-Buchstaben-Beziehungen

[f]	f	der **F**isch
	ff	die Karto**ff**eln
	v	der **V**ogel
	ph	die **Ph**onetik
[v]	w	der **W**ein
	v	die **V**ase

3] Tipps

- **Regeln** für Laut-Buchstaben-Beziehungen lernen, v. a. für die Aussprache von *v* als [f] *(Vogel)* oder [v] *(Vase)* (vgl. 2).
- **Wörterbuch/Laut-Buchstaben-Tabelle:**
  - Bei Wörtern mit dem Buchstaben *V* und *v* das phonetische Zeichen überprüfen.
- **Aussprachetipps:**
  - Bei [f] *(Fisch)* und [v] *(Wein)* liegt die Unterlippe hinter den oberen Schneidezähnen (vgl. 4).
  - [f] mit viel Spannung und stimmlos sprechen (vgl. 4 a).
  - [v] mit wenig Spannung und stimmhaft sprechen ⇨ Kribbeln auf der Unterlippe (vgl. 4 b).
  - [v] nicht mit [b] verwechseln *(Wein – Bein)* (vgl. 5).

4] Laute üben

a) [f] wie in *Fisch*:

Wir sprechen so:

Fühlen Sie die Luft auf dem Handrücken.

b) [v] wie in ***Wein***:

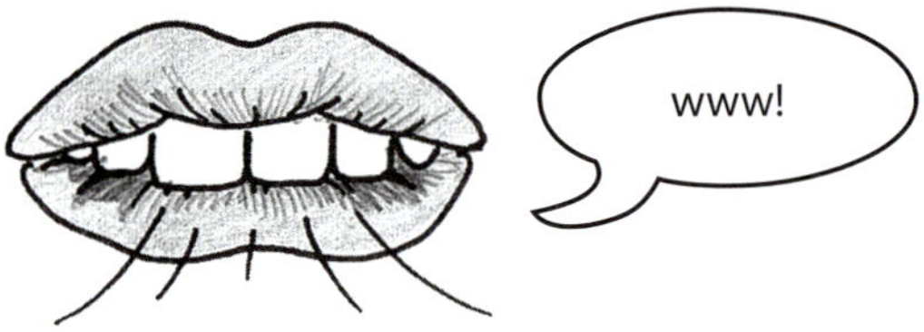

Wir sprechen so:

Fühlen Sie ein Kribbeln auf der Unterlippe.

5] Wörter unterscheiden

47 **a)** Hören Sie die Wortpaare und lesen Sie mit.

1.	[f]	[v]
	fein	**W**ein
	Vogel	**W**olke

2.	[b]	[v]
	Bein	**W**ein
	Bier	**w**ir

b) Lesen Sie die Wortpaare vor.

6] Wörter erkennen

48 **a)** Hören Sie und markieren Sie. Welches Wort hören Sie?

	[b]	[v]	[f]
1.	Bein	*Wein X*	fein
2.	Bein	Wein	fein
3.	Bein	Wein	fein
4.	Bein	Wein	fein

b) Lesen Sie die markierten Wörter vor.

7] Wörter sortieren

a) Schreiben Sie die Wörter in die richtige Spalte (vgl. auch Alphabet S. 7 und Laut-Buchstaben-Tabelle S. 55).

Vokal • Vogel • Visum • Klavier • Vater

[f]

[v]
Vokal

49 **b)** Hören Sie die Wörter aus a) und sprechen Sie nach.

8] Emotional sprechen

a) Hören Sie und lesen Sie mit. 50

A: Wo finde ich Wein?
Wo finde ich Kartoffeln?
Wo finde ich Fisch?
Wo finde ich Kaffee?
Wo finde ich Wurst?
Wie viel kostet der Wein?

B: Vier Euro bitte.

b) Hören Sie noch einmal und sprechen Sie nach. 50

c) Stellen Sie höfliche Fragen: *Wo finde ich …?*

9] Buchstaben schreiben

a) Hören Sie und schreiben Sie die Buchstaben. 51

1. Wein
2. _isch
3. _urst
4. _ase
5. _ogel
6. Ka__ee
7. Karto__eln

b) Lesen Sie vor.

[Schritt 12] Schöne heiße Suppe mit Reis

Frikative [z] – [s], [ʃ]

Ss	ß
Sch sch	
Sp sp	St st

1] So klingen *s-Laute* und *sch-Laut*

a) Hören Sie die Wörter und lesen Sie mit.
52 b) Hören Sie noch einmal und sprechen Sie mit.
c) Hören Sie noch einmal und sprechen Sie nach.

Frikative	
stark gespannt (fortis)	schwach gespannt (lenis)
[s]	[z]
der Reis	die Suppe
[ʃ]	
der Tisch schön	

2] Laut-Buchstaben-Beziehungen

[z]	s	die Suppe
[s]	s	der Reis
	ss	die Schüssel
	ß	heiß
[ʃ]	sch	der Tisch
	s(t)	die Stadt
	s(p)	der Sport

3] Tipps

- **Regeln** für Laut-Buchstaben-Beziehungen lernen (vgl. 2):
  - *s* am Wort- und Silbenanfang ist immer stimmhaft *(Suppe* [z]*)*.
  - *s* am Wort- und Silbenende, *ss* und *ß* sind immer stimmlos *(Reis, heiß, Wasser* [s]*)* (vgl. 2).
  - *st* und *sp* am Wort- und Silbenanfang werden immer als [ʃp] *(Sport)* und als [ʃt] *(Stadt)* gesprochen.
- **Wörterbuch/Laut-Buchstaben-Tabelle:**
  Phonetisches Zeichen überprüfen:
  - bei Wörtern mit *s* ⇨ [s] in *Reis* oder [z] in *Suppe*.
  - bei Wörtern mit *st* und *sp* ⇨ [ʃt] in *Stadt*, aber [st] in *Osten*.
- **Aussprachetipps:**
  - Lenis-s [z] spricht man ungespannt und stimmhaft ⇨ wie Bienensummen (vgl. 4 b).
  - Bei [ʃ] wird die Zungenspitze umgebogen und die Lippen werden nach vorn gestülpt (vgl. 4 a).

4] Laute üben

a) *sch-Laut* [ʃ] wie in ***schön***:

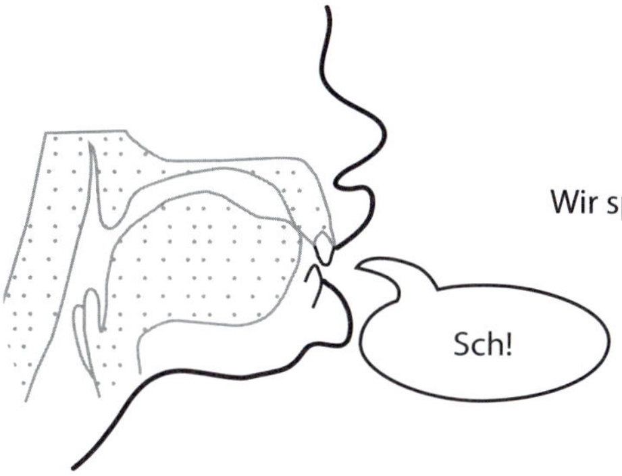

Wir sprechen so:

Sch! Leise!!

b) *s-Laute* [z] wie in ***S**uppe* und [s] wie in *Rei**s***:

Wir sprechen so:
[z]: stimmhaft, schwach gespannt (lenis)

Wir sprechen so:
[s]: stimmlos, stark gespannt (fortis)

5] Wörter unterscheiden

a) Hören Sie die Wortpaare und lesen Sie mit. 53

1.

[s]	[z]
Rei**s**	Rei**s**e
hei**ß**	**S**uppe

2.

[z]/[s]	[ʃ]
so	**sch**ön
Ta**ss**e	Ta**sch**e

b) Lesen Sie die Wortpaare vor.

6] Laute erkennen

54 a) Hören Sie und markieren Sie. Was hören Sie?

	[s]/[z]	[ʃ]
1.		X Fisch
2.		
3.		
4.		
5.		
6.		

b) Hören Sie mehrmals und schreiben Sie die Wörter in die Spalten.
c) Vergleichen Sie mit der Lösung (Seite 56) und lesen Sie die Wörter vor.

7] Städte sortieren

a) Schreiben Sie die Städte in die Tabelle (und suchen Sie diese auf der Landkarte).

Dresden • Stuttgart • Rostock • Schwerin • Essen • Solingen

[ʃ] (fortis, stimmlos)	[z] (lenis, stimmhaft)	[s] (fortis, stimmlos)
		Dresden

b) Lesen Sie vor.

55 8] Emotional sprechen

a) Hören Sie und lesen Sie mit.

(1) Die Suppe. Oh! Heiß!
Der Reis. Heiß!
Die Wurst. Heiß!

(2) Die Stadt. Schön!
Der Sessel. Schön!

(3) Die Tasche. Schick!
Das Haus. Schick!

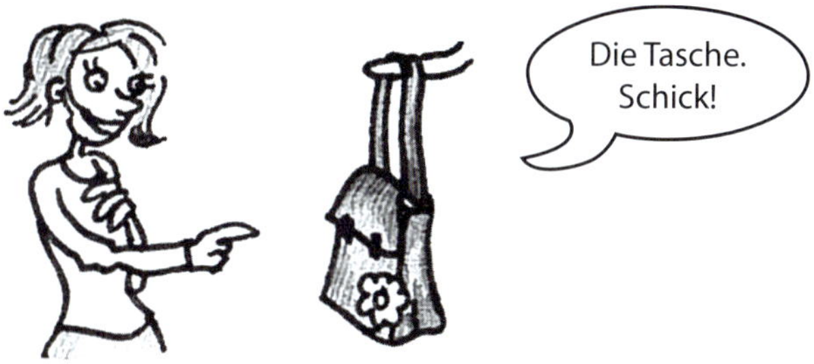

b) Hören Sie noch einmal und sprechen Sie nach. **55**

c) Zeigen Sie auf etwas und sprechen Sie emotional: *Der Stuhl. Schön!*

9] Buchstaben schreiben

a) Hören Sie und schreiben Sie die Buchstaben. **56**

(1) Wurst

(2) Fi___

(3) ___ü__el

(4) ___ere

(5) __uhl

(6) Ta__e

(7) hei_

b) Lesen Sie vor.

[Schritt 13] Sechzig + acht = ?

Frikative *ich-Laut* [ç] und *ach-Laut* [x] und [j]

1] So klingen *ich-Laut* und *ach-Laut* und *j*

a) Hören Sie die Wörter und lesen Sie mit.
57 b) Hören Sie noch einmal und sprechen Sie mit.
c) Hören Sie noch einmal und sprechen Sie nach.

Frikative	
stark gespannt (fortis)	schwach gespannt (lenis)
ich-Laut [ç]	[j]
spre**ch**en i**ch**	ja
ach-Laut [x]	
a**ch**t die Spra**ch**e	

2] Laut-Buchstaben-Beziehungen

[j]	j	der **J**unge
[ç]	ch	spre**ch**en
	-(i)g	sechzi**g**
[x]	ch	die Spra**ch**e

3] Tipps

- **Regeln** für Laut-Buchstaben-Beziehungen lernen (vgl. 2):
  - *ch* nach *e, i, ä, ö, ü, ei, eu, l, n, r* und in *-chen* klingt hell ⇨ [ç] *(spre**ch**en)*.
  - *ch* nach *a, o, u, au* klingt dunkel ⇨ [x] *(Spra**ch**e)*.
- **Wörterbuch/Laut-Buchstaben-Tabelle:**
  - Bei Wörtern mit *ch* das phonetische Zeichen überprüfen ⇨ [ç] *(spre**ch**en)* oder [x] *(Spra**ch**e)* oder [k] *(se**ch**s)*.
- **Aussprachetipps:**
  - [ç] wie [j] sprechen, aber stimmlos und mit mehr Spannung.
  - [x] weit hinten sprechen, es klingt wie Schnarchen (vgl. 4).

4] Laute üben

a) *ich-Laut* [ç] wie in ***ich***:

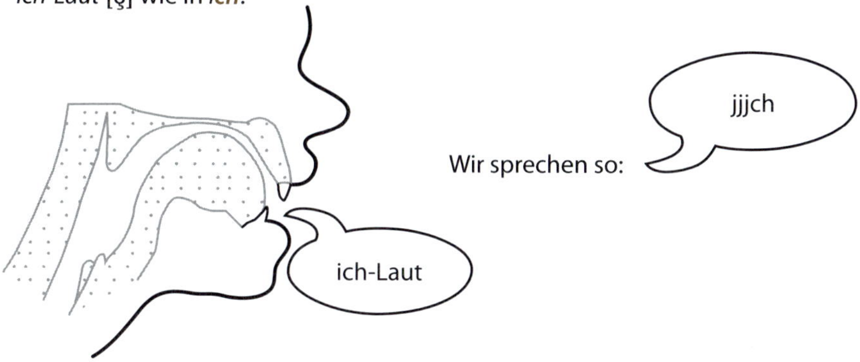

b) *ach-Laut* [x] wie in *Spra**ch**e*:

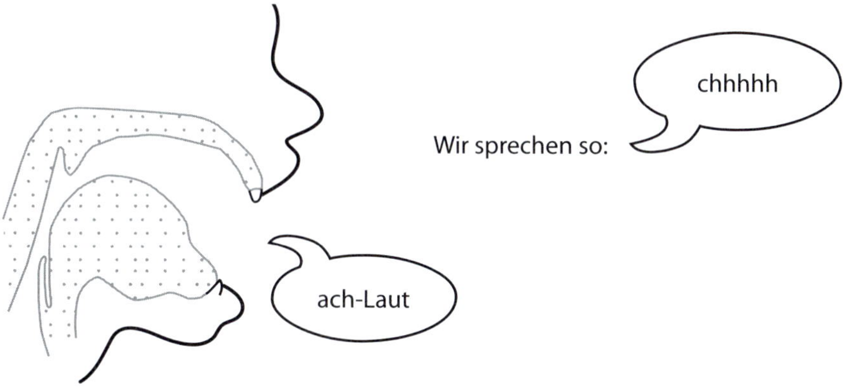

5] Wörter unterscheiden

a) Hören Sie die Wortpaare und lesen Sie mit. **58**

1.

[ç]	[x]
spre**ch**en	Spra**ch**e
re**ch**nen	la**ch**en
Bü**ch**er	Bu**ch**
Tö**ch**ter	To**ch**ter

2.

[j]	[ç]
ja	i**ch**
Junge	Mäd**ch**en

b) Lesen Sie die Wortpaare vor.

6] Laute erkennen

Hören Sie und markieren Sie. Wo hören Sie einen *ich-Laut* [ç]? **59**

dreißig • acht • nicht • schlecht • Mädchen • Junge • lachen

7] Wörter sortieren

a) Schreiben Sie die Wörter in die richtige Spalte.

Brötchen • Buch • Bücher • Tuch • Sprache

ich-Laute [ç]	ach-Laute [x]
	Sprache

b) Lesen Sie vor.

8] Emotional sprechen

60 a) Hören Sie und lesen Sie mit.

1. Das Buch?
   Ach nein!
2. Rechnen?
   Ach ja!
3. Brötchen?
   Ach nein!
   Ich nicht!

60 b) Hören Sie noch einmal und sprechen Sie nach.
c) Sprechen Sie emotional: *Ich nicht! Ach ja!*

9] Buchstaben schreiben

61 a) Hören Sie und schreiben Sie die Buchstaben.

acht

se__z__

a__tz__

dreiß__

b) Lesen Sie vor.

Schritt 14 — Ein Bier für drei Euro

Rr

r-Laute [ʁ] (Frikativ) und [ɐ] (Vokal)

1] So klingen *r-Laute*

a) Hören Sie die Wörter und lesen Sie mit.
b) Hören Sie noch einmal und sprechen Sie mit.
c) Hören Sie noch einmal und sprechen Sie nach.

62

r-Laute [ʁ]	r-Laute [ɐ]
Konsonant – Frikativ, lenis	Vokal

das **R**estaurant d**r**ei der Eu**r**o	das Bie**r** das Wass**er** V**er**zeihung

2] Laut-Buchstaben-Beziehungen

[ʁ]	r	das **R**estaurant
	rr	der He**rr**
[ɐ]	r	das Bie**r**
	-er	das Wass**er**
	er-	V**er**zeihung

3] Tipps

- **Regeln** für Laut-Buchstaben-Beziehungen lernen (vgl. 2):
  - *r* wird als Konsonant [ʁ] gesprochen: am Anfang von Wörtern und Silben *(Restaurant, drei)*, nach kurzem Vokal *(Schirm)* und für *rr (Herr)*.
  - *r* wird als Vokal gesprochen: nach langen Vokalen *(Bier)* und in *er-/-er (Wasser)* (vgl. Schritt 9).
- **Wörterbuch/Laut-Buchstaben-Tabelle:**
  - Bei Wörtern mit *r* das phonetische Zeichen überprüfen ⇨ [ʁ] *(drei)* oder [ɐ] *(Bier)*.
- **Aussprachetipps:**
  - [ʁ] klingt ähnlich wie der *ach-Laut* (vgl. 4 a) oder wie Gurgeln *(Rrrr!)*.
  - Konsonantisches *r* darf auch als Zungenspitzen-r gesprochen werden.
  - [ɐ] klingt wie ein ganz kurzes *a*.

4] Laute üben

a) *r-Laut* [ʁ] wie in *rot* (Konsonant):

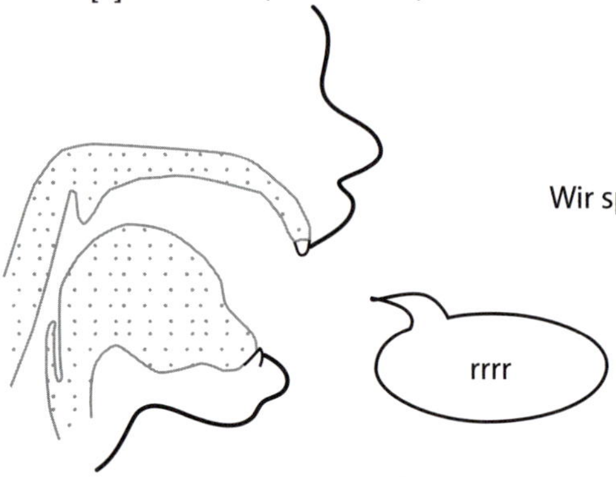

Wir sprechen so:

b) *r-Laut* [ɐ] wie in *Bier* (Vokal):

Wir sprechen so:

5] Wörter unterscheiden

63 **a)** Hören Sie die Wortpaare und lesen Sie mit.

1.

[ʁ]	[ɐ]
Ohren	Ohr
Uhren	Uhr
Biere	Bier
Herr	er

2.

[ʁ]	[l]
Reise	leise
Rand	Land

b) Lesen Sie die Wortpaare vor.

6] Laute erkennen

64 Hören Sie und streichen Sie durch. Wo hören Sie das *r* nicht?

e~~r~~ • rot • Brot • vier • Bier • Butter • Brief • Schere

7] Städte sortieren

a) Schreiben Sie die Städte in die richtige Spalte (und suchen Sie diese auf der Landkarte).

Dresden • Bremen • Münster • Rostock • Gera • Hamburg • Lehrte

r-Laute [ʁ]
Dresden

r-Laute [ɐ]

b) Lesen Sie vor.

8] Emotional sprechen

a) Hören Sie und lesen Sie mit. 65

A: Herr Ober. Ein Bier bitte!
B: Hier bitte!
A: Und ein Wasser.
B: Ja, gern.
A: Drei Brötchen mit Wurst.
B: Hier bitte.
A: Wie viel kostet das?
B: Hm. Dreizehn Euro dreißig!
A: Was, so teuer?

b) Hören Sie noch einmal und sprechen Sie nach. 65
c) Lesen Sie zu zweit.
d) Sprechen Sie emotional zu zweit: *A: Ein Wasser. – B: Ja, gern!*

9] Buchstaben schreiben

a) Hören Sie und schreiben Sie die Buchstaben. 66

Bie_:	d_ei Eu_o
Wass_ _:	vie_ Eu_o
_otwein:	d_eizehn Eu_o
Wu_st mit B_ot:	d_ei Eu_o

b) Lesen Sie vor.

[Schritt 15] Zeitung lesen

Nasale *ang-Laut* [ŋ] und [m], [n], [l]

Mm ng
Nn nk
Ll

1] So klingen *ang-Laut* und *m, n, l*

67
a) Hören Sie die Wörter und lesen Sie mit.
b) Hören Sie noch einmal und sprechen Sie mit.
c) Hören Sie noch einmal und sprechen Sie nach.

ang-Laut [ŋ]	Junge Zeitung
[m]	Mann Kamm
[n]	Mann nein
[l]	lesen Ball

2] Laut-Buchstaben-Beziehungen

[ŋ]	ng	der Junge
	n(k)	die Bank
[m]	m	der Mann
	mm	der Kamm
[n]	n	nein
	nn	der Mann
[l]	l	lesen
	ll	der Ball

3] Tipps

- **Regeln** für Laut-Buchstaben-Beziehungen lernen, besonders für [ŋ] (vgl. 2).
- **Aussprachetipps:**
  - [ŋ] immer ohne [g] oder [k] sprechen (vgl. 4).
  - [l] immer weich und ungespannt sprechen.

4] Laute üben

ang-Laut [ŋ] wie in Junge:

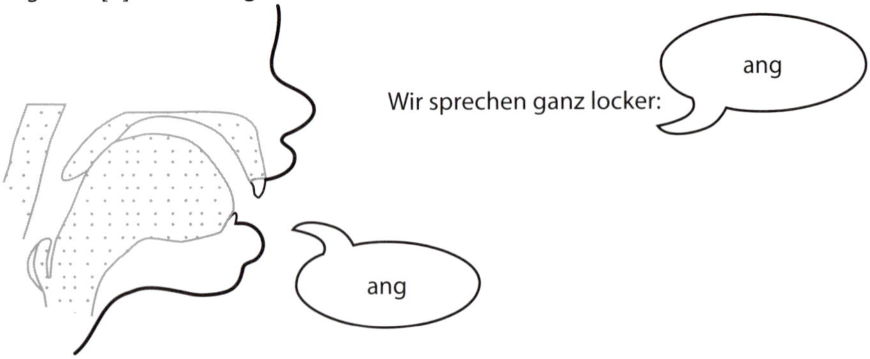

5] Wörter unterscheiden

a) Hören Sie die Wortpaare und lesen Sie mit. 68

[ŋg]/[ŋk]	[ŋ]
In**g**o	In**g**e
Ba**nk**	la**ng**
tri**nk**en	si**ng**en

b) Lesen Sie die Wortpaare vor.

6] Laute erkennen

a) Hören und markieren Sie: Wo hören Sie den *ang*-Laut [ŋ]? 69

	Wo hören Sie den *ang*-Laut [ŋ]?
1.	
2.	
3.	
4.	

b) Hören Sie mehrmals und schreiben Sie die Wörter auf.
c) Vergleichen Sie mit der Lösung (Seite 58) und lesen Sie die Wörter vor.

7] Emotional sprechen 70

a) Hören Sie und lesen Sie mit.

1. Verzeihung!
   Achtung!

2. Leise!

3. Nein!
   Komm!

b) Hören Sie noch einmal und sprechen Sie nach. 70
c) Sprechen Sie emotional mit Gesten: *Achtung!*

8] Buchstaben schreiben

a) Hören Sie und schreiben Sie die Buchstaben. 71

b) Lesen Sie vor.

Schritt 16

Anna aus Essen und Hanna aus Hessen

Vokalneueinsatz [ʔ] und [h]

1] So klingen *h-Laut* und Vokalneueinsatz

72
a) Hören Sie die Wortpaare und lesen Sie mit.
b) Hören Sie noch einmal und sprechen Sie mit.
c) Hören Sie noch einmal und sprechen Sie nach.

[h]	ohne [h] mit Vokalneueinsatz [ʔ] / Knacklaut
Hanna Hessen Haus	Anna Essen aus

verbunden	mit Vokalneueinsatz
im Mai	im Ei

2] Laut-Buchstaben-Beziehungen

[h]	h	das Haus
[ʔ]	–	aus

3] Tipps

- **Regeln** für Laut-Buchstaben-Beziehungen lernen (vgl. 2):
  - *H/h* wird nur vor Vokal gesprochen *(Haus)*.
  - *h* nach Vokal bleibt stumm *(sehen)*, nur der Vokal wird dadurch lang.
  - Vokale am Anfang von Wörtern und Silben werden mit einem Knacklaut [ʔ] gesprochen *(Anna)*.
- **Aussprachetipps:**
  - Knacklaut [ʔ] vor Vokal mit Spannung produzieren, dazu eine Geste mit der Hand machen (vgl. 4 a).
  - [h] ganz weich sprechen wie leises Hauchen oder Lachen (vgl. 4 b).
  - [h] darf nicht wie [x] klingen.

4] Laute üben

a) Vokalneueinsatz wie in *Anna*:

Wir sprechen so:

b) [h] wie in *Hanna*:

Wir sprechen so:

oder so:

5] Wörter unterscheiden

a) Hören Sie die Wortpaare und lesen Sie mit. 73

1.	**[h]**	**[ʔ] (ohne [h])**
	Haus	**a**us
	Hessen	**E**ssen
	Halle	**a**lle
	Hände	**E**nde

2.	**verbunden**	**[ʔ]**
	im Mai	**im E**i
	von Nina	**von I**na

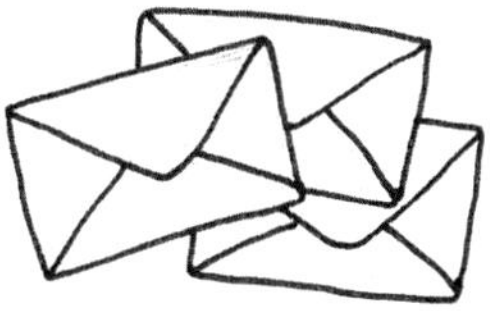

b) Lesen Sie die Wortpaare vor.

6] Laute erkennen

a) Hören Sie und markieren Sie. Wo hören Sie den Knacklaut [ʔ]? 74

	Wo hören Sie [ʔ]?
1.	X
2.	
3.	
4.	
5.	
6.	

b) Hören Sie mehrmals und schreiben Sie die Wörter.

c) Lesen Sie vor.

7] Wörter suchen

a) Suchen Sie auf der Landkarte fünf Städte mit einem *h-Laut* und schreiben Sie diese auf.

1. ....
2. ....
3. ....
4. ....
5. ....

b) Lesen Sie vor.

8] Emotional sprechen

75 **a)** Hören Sie und lesen Sie mit.

1. Hallo! Hallo!
2. Hier! Hierher!
3. Ich heiße Hanna.
4. Wie heißt du?

75 **b)** Hören Sie noch einmal und sprechen Sie nach.

c) Sprechen Sie emotional mit Gesten: *Hallo!*

9] Buchstaben schreiben

76 **a)** Hören Sie und schreiben Sie die Buchstaben.

a | Ha → Halle

He | E → __ssen

Hau | au → ___s

Hä | E → __nde

b) Lesen Sie vor.

[Schritt 17] Mit dem Taxi zum Zoo

Konsonantenverbindungen [ts], [ks], [kv̥], [pf]

Zz | Qu qu | Xx | Pf pf

77

1] So klingen Konsonantenverbindungen

a) Hören Sie die Wörter und lesen Sie mit.
b) Hören Sie noch einmal und sprechen Sie mit.
c) Hören Sie noch einmal und sprechen Sie nach.

Konsonantenverbindungen	
[ts]	der Zoo der Zug
[ks]	das Taxi sechs
[pf]	der Topf der Knopf
[kv̥]	das Quadrat quer

2] Laut-Buchstaben-Beziehungen

[ts]	z	der Zoo
	zz	die Pizza
	tz	der Platz
	ts	rechts
	-t(ion)	die Lektion
[ks]	x	das Taxi
	chs	sechs
	ks	links
	gs	montags
[kv̥]	qu	Quadrat
[pf]	pf	Topf

3] Tipps

- **Regeln** für Laut-Buchstaben-Beziehung lernen, v. a. für [ts] und [ks] (vgl. 2).
- **Aussprachetipps:**
  - Beide Konsonanten der Verbindung müssen komplett ausgesprochen werden.
  - Zwischen beide Konsonanten darf kein Vokal eingeschoben werden, also: *rechts* und nicht *rechtes*.
  - [ts]: Erst Wörter mit [t] üben *(recht)*, dann ein [s] anhängen *(rechts)*.
  - [ks]: Erst Wörter mit [k] üben *(Montag)*, dann ein [s] anhängen *(montags)* (vgl. 4).

4] Laute üben

a) [ts] wie in *rechts*:

Wir sprechen so:

b) [ks] wie in *links*:

Wir sprechen so:

5] Wörter unterscheiden

78 a) Hören Sie die Wortpaare und lesen Sie mit.

1.

[z/t]	[ts]
so	Zoo
rech**t**	rech**ts**
Kur**t**	kur**z**

2.

[k]	[ks]
Monta**g**	monta**gs**
Sonnta**g**	sonnta**gs**
Diensta**g**	diensta**gs**

3.

[f]	[pf]
Koffer	Ko**pf**
Koffer	Kno**pf**

b) Lesen Sie die Wortpaare vor.

6] Wörter erkennen

79 a) Hören und markieren Sie. Wo hören Sie das Wort?

	Wo hören Sie …	1. Wort	2. Wort
1.	Zoo		X
2.	rechts		
3.	montags		
4.	dienstags		
5.	Kopf		
6.	quer		

b) Lesen Sie die Wörter in der linken Spalte vor.

7] Städte sortieren

a) Schreiben Sie die Städte in die richtige Spalte (und suchen Sie diese auf der Landkarte).

Leipzig • Mainz • Querfurt • Zwickau • Bopfingen • Xanten • Nixdorf

[ts]	[ks]	[kv̥]	[pf]
Leipzig			

b) Lesen Sie vor.

8] Emotional sprechen

a) Hören Sie und lesen Sie mit. 80

1. Die Pizza? Links.
2. Die Zeitung? Rechts.
3. Der Topf? Links.
4. Der Zug? Links.
5. Das Flugzeug? Rechts.
6. Das Quadrat? Rechts.

b) Hören Sie noch einmal und sprechen Sie nach. 80

c) Sprechen Sie emotional mit Gesten: *Hier links. Da rechts.*

9] Buchstaben schreiben

a) Hören Sie und schreiben Sie die Buchstaben. 81

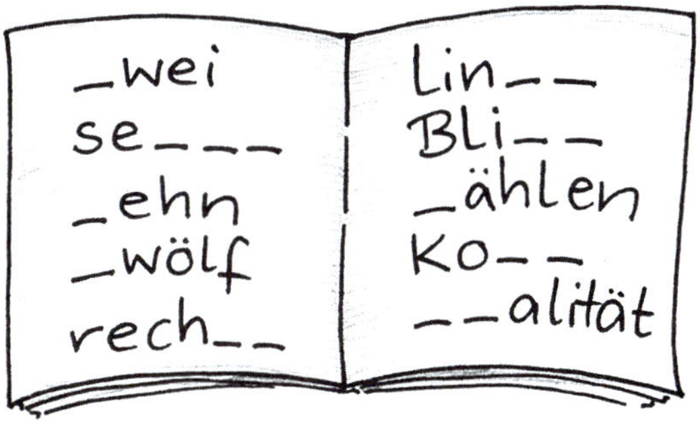

b) Lesen Sie vor.

Schritt 18 Buchstaben und Laute

1] Vokale

82
a) Hören Sie die Wörter und lesen Sie mit.
b) Hören Sie noch einmal und sprechen Sie nach.

a-Laute			
[aː]	A	a	Nase
	Aa	aa	Staat
	Ah	ah	Zahn
[a]	A	a	Hand

e-Laute			
[eː]	E	e	Regen
		ee	Tee
	Eh	eh	sehr
[ɛː]	Ä	ä	Mädchen
	Äh	äh	zählen
[ɛ]	E	e	Sessel
	Ä	ä	Ärztin
[ə]		-e e-	Jacke Gewitter
[ɐ]		-er er-	Gewitter Verzeihung

i-Laute			
[iː]	I	i	Berlin
		ie	Brief
		ih	ihr
		y	Handy
[ɪ]	I	i	Insel

o-Laute			
[oː]	O	o	Vogel
	Oh	oh	Ohr
		oo	Boot
[ɔ]	O	o	Kopf

u-Laute			
[uː]	U	u	Fuß
	Uh	uh	Uhr
[ʊ]	U	u	Puppe

ö-Laute			
[øː]	Ö	ö	Öl
	Öh	öh	fröhlich
[œ]	Ö	ö	Löffel

ü-Laute			
[yː]	Ü	ü	Süden
	Üh	üh	Fühler
	Y	y	typisch
[ʏ]	Ü	ü	München
	Y	y	Ypsilon

Diphthonge			
[ao̯]	Au	au	Haus
[ɔœ̯]	Äu	äu	Häuser
	Eu	eu	neu
[aɛ̯]	Ai	ai	Mai
	Ei	ei	Kleid

2] Konsonanten

83

a) Hören Sie die Wörter und lesen Sie mit.
b) Hören Sie noch einmal und sprechen Sie nach.

Laute	Buchstaben		Beispiele
[b]	B	b	**B**onbon
		bb	Ho**bb**y
[p]		-b	gel**b**
[k]	C	c	**C**omputer
[ts]			**C**D
[ç]	Ch	ch	spre**ch**en
[x]			Spra**ch**e
[ks]		chs	se**chs**
[k]		ck	Ja**ck**e
[d]	D	d	**D**ach
[t]		-d	Han**d**
		dt	Sta**dt**
[f]	F	f	**F**oto
		ff	Ka**ff**ee
[g]	G	g	**G**las
[k]		-g	Ta**g**
[ɪç/ɪk]		-ig	Leipz**ig**
[ks]		-gs	monta**gs**
[h]	H	h	**H**ahn
–		h	O**h**r
[j]	J	j	**J**unge
[k]	K	k	**K**opf
[ks]		ks	lin**ks**
[l]	L	l	**L**eipzig
		ll	Ba**ll**
[m]	M	m	**M**ann
		mm	Ka**mm**

Laute	Buchstaben		Beispiele
[n]	N	n	**N**ase
		nn	Ma**nn**
[ŋ]		ng	Ju**ng**e
[ŋk]		nk	Ba**nk**
[p]	P	p	**P**uppe
		pp	Pu**pp**e
[kv̥]	Q	q	**Qu**adrat
[ʁ]	R	r	**R**egen
		rr	He**rr**
[ɐ]		r	Oh**r**
[z]	S	s	**S**essel
[s]		s	Hau**s**
		ss	Se**ss**el
		ß	Fu**ß**
[ʃ]	Sch	sch	Ta**sch**e
[ʃp]	Sp	sp	**Sp**ort
[ʃt]	St	st	**St**adt
[t]	T	t	**T**üte
		tt	Gewi**tt**er
		Th	**Th**eater
[ts]		-tion	Lek**tion**
		ts	rech**ts**
		tz	Är**zt**in
[f]	V	v	**V**ogel
[v]			**V**isum
[v]	W	w	**W**olke
[ks]	X	x	Ta**x**i
[ts]	Z	z	**Z**ahn
		zz	Pi**zz**a

[A1] Anhang 1

Lösungen

Schritt 1

1a (2) Guten Morgen, liebe Zuhörer! Heute ist Montag, der erste Oktober.
München: Das Oktoberfest meldet Besucherrekord. Die Besucher werden gebeten, nicht mit dem Auto zu fahren. Kommen Sie mit der Bahn. Tickets zum halben Preis im Zug.
Köln: Erlebnishotel mit Café am Kölner Dom öffnet am 9. November.
Leipzig: …

5a (4) 1. Hotel, 2. Oktober, 3. Ola, 4. Kaffee, 5. Oktober, 6. Hotel, 7. Auto, 8. Hallo

Schritt 2

3d TAXI, SPORT, ADRESSE, THEATER

4b (8) (2) LEIPZIG, (1) BERLIN, (3) MÜNCHEN, (5) WOLFSBURG, (4) HAMBURG

5a 1 Berlin, 2 Leipzig, 3 München, 4 Hamburg, 5 Wolfsburg

6b Tee – [teː], Sport – [ʃpɔʁt], Taxi – [tˈaksiː], München – [mˈʏnçən], Adresse – [adʁˈɛsə]

Schritt 3

1a (10) 1. Hotel, 2. Auto, 3. Bus, 4. Flugzeug, 5. Flughafen, 6. Zug

1b **1 Silbe:** 3. Bus, 6. Zug; **2 Silben:** 1. Hotel, 2. Auto, 4. Flugzeug; **3 Silben:** 5. Flughafen

2a (11)
HM: Zug, Bus, Bonn, Köln
HM-hm: Flug-zeug, Au-to, Leip-zig, Mün-chen
HM-hm-hm: Flug-ha-fen, Au-to-bahn, Re-gens-burg
hm-HM: Ho-tel, Pi-lot, Ber-lin, Schwe-rin
hm-HM-hm: A-dres-se, The-a-ter, Saar-brü-cken
hm-hm-HM: Pa-der-born

5b
●•: 2. Bahnhof, 4. Straße
●••: 1. Fahrkarte, 3. Tankstelle, 6. Bielefeld
•●•: 5. Museum

5c Flugzeug, Fahrkarte, Auto, Adresse, Tankstelle, Flughafen, Hotel, Autobahn, Pilot, Museum, Leipzig, Berlin

5e (13)
HM-hm: Flug-zeug, Au-to
hm-HM: Ho-tel, Pi-lot
HM-hm-hm: Fahr-kar-te, Tank-stel-le, Flug-ha-fen, Au-to-bahn
hm-HM-hm: Ad-re-sse, Mu-se-um

6a **Kontinente:** Eu-ro-pa, A-fri-ka, A-si-en, A-me-ri-ka, Au-stra-li-en
Länder: Deutsch-land, Ö-ste-reich, Schweiz, I-ta-li-en, Russ-land, Tür-kei, Po-len, I-rak, Chi-na
Städte: Leip-zig, Dres-den, Ham-burg, Ros-tock, Ber-lin, Salz-burg, Lu-zern

Schritt 4

5 1. Hallo? (➚), 2. Hallo. (➔), 3. Hallo! (➘), 4. Wie heißt du? (➚), 5. Ich heiße Tim. (➘), 6. Wie geht es dir? (➚), 7. Danke (➔), 8. Gut. (➘)

Schritt 5

4a 1. Nase – Vase, 4. Tasche – Flasche, 5. Schrank – Bank, 7. Bild – Schild, 8. Knopf – Kopf, 10. Buch – Tuch

4b 1. Nase – Vase, 2. Tasche – Flasche, 3. Schrank – Bank, 4. Bild – Schild, 5. Knopf – Kopf, 6. Buch – Tuch

5a Guten Morgen! Guten Tag! Guten Abend! Gute Nacht! Hallo! Auf Wiedersehen! Tschüss!

6a die Sprache, die Tafel, die Schere, das Heft, der Zoo, der Koffer, die Uhr, der Kurs

Schritt 6

5b **lang: e-Laute:** Tee, Erde
i-Laute: Bier
kurz: e-Laute: Wetter, Männer, schlecht
i-Laute: Schirm, Blitz

6 Regen, Schnee, Schirm, Mädchen, Bier, vier, Tee, Schere, Heft, sieben

7a (1) A: Wie geht es dir?
B: Mir geht es gut.
(2) A: Wie geht es Ihnen?
B: Mir geht es schlecht.
A: Wie bitte?
B: Mir geht es sehr schlecht.

8a Wetter: schlecht, Regen, Schnee
Mir geht es sehr gut!

Schritt 7

5a/b **(1) ö- und ü-Laute: lang – kurz**
Brötchen – Löffel,
Müsli – Schüssel
(2) o- und u-Laute: Ohr – Uhr,
Zoo – zu
(3) o- und ö-Laute: Brot – Brötchen,
Topf – Töpfe
(4) e- und ö-Laute: See – Söhne,
Schnee – schön
(5) u- und ü-Laute: Buch – Bücher,
Wurst – Würstchen
(6) i- und ü-Laute: Schirm – Schüssel,
sieben – Stühle

6 Ohr, Topf, Brot, Brötchen, Löffel, Wurst, Schüssel, Stühle, Uhr, Buch, Bücher, Stuhl

7b 1. Schön!, 2. So schön!, 3. Schön, schön!, 4. Sehr schön!, 5. Gut!, 6. So gut!, 7. Sehr gut!, 8. Na gut!

8a Butter, Cola, fünf Bücher, zwölf Brötchen, ein Brot, Wurst, eine Uhr

Schritt 8

5a **ei-Laute [aɛ̯]:** nein, Kleid, dreizehn
au-Laute [aɔ̯]: Auto, kaufen
eu-Laute [ɔœ̯]: neun, Euro, teuer

6 eins, zwei, drei, neun, Häuser, Auto, Kleid, Haus, Euro, Wein

8a Heute, zweiter Mai; Wein: zwei Euro; Auto: drei Euro; Kleid: neun Euro

Schritt 9

5b 37 1. bitte, 2. bitter,
3. bitter, 4. bitte

6b (1) A: Das Wasser. Bitte!
B: Danke! Vielen Dank!
(2) A: Guten Tag! Wie heißen Sie?
B: Ich heiße Peter.
(3) A: Guten Morgen.
Sprechen Sie Deutsch?
B: Ja, ein bisschen.

7a Bitte!, Guten Morgen!, Guten Tag!, Hallo Peter!

Schritt 10

6 43 [k]? – 1. Wort
Köln, Gera, Trier
[p]? – 2. Wort
Berlin, Potsdam, Bonn
[d]? – 1. Wort
Dresden, Rostock, Fürth
[g]? – 3. Wort
Kassel, Köln, Gera

8b 44 1. [k]omm! [k]omm [b]i[t]e!
[k]omm [d]och [b]i[t]e!
2. [g]eh! [g]eh [b]i[t]e!
[g]eh [d]och [b]i[t]e!
3. [b]lei[p]! [b]lei[p] [b]i[t]e!
[b]lei[p] [d]och [b]i[t]e!

9a Berlin, Köln, Trier, Bonn, Gera, Dresden, Rostock, Deutschland

Schritt 11

6a 1. Wein, 2. Bein, 3. fein, 4. Wein

7a [f]: Vogel, Vater
[v]: Vokal, Visum, Klavier

9a 1. Wein, 2. Fisch, 3. Wurst, 4. Vase, 5. Vogel, 6. Kaffee, 7. Kartoffeln

Schritt 12

6a/b 54 [s]/[z]: 2. Tasse, 6. sieben
[ʃ]: 1. Fisch, 3. Schere, 4. Tasche, 5. Stadt

7a [ʃ]: Stuttgart, Schwerin
[z]: Solingen
[s]: Dresden, Rostock, Essen

9a 1. Wurst, 2. Fisch, 3. Schüssel, 4. Schere, 5. Stuhl, 6. Tasse, 7. heiß

Schritt 13

6 dreißig, acht, nicht, schlecht, Mädchen, Junge, lachen

7a **ich-Laute [ç]:** Brötchen, Bücher
ach-Laute [x]: Buch, Tuch, Sprache

9a acht, sechzig, achtzig, dreißig

Schritt 14

6 er, rot, Brot, vier, Bier, Butter, Brief, Schere

7a **r-Laute [ʁ]:** Dresden, Bremen, Rostock, Gera, Hamburg

r-Laute [ɐ]: Münster, Lehrte

9a Bier: drei Euro

Wasser: vier Euro

Rotwein: dreizehn Euro

Wurst mit Brot: drei Euro

Schritt 15

6a/b (69) 1. Mann, 2. Übung, 3. Zeitung, 4. Finger

8a singen, trinken, Bank, lang, Übung, Kamm, Brille

Schritt 16

6a/b (74) 1. Anna, 2. aus, 3. Hessen, 4. Haus, 5. Essen, 6. Hanna

7a **(Lösungsbeispiel):** Halle, Hameln, Heidelberg, Heilbronn, Hannover

9a Halle, Essen, Haus, Ende

Schritt 17

6 (79)

Wo hören Sie …	1. Wort	2. Wort
1. Zoo	so	Zoo
2. rechts	rechts	Recht
3. montags	Montag	montags
4. dienstags	dienstags	Dienstag
5. Kopf	Koffer	Kopf
6. quer	Kehr!	quer

7a [ts]: Leipzig, Mainz, Zwickau

[ks]: Xanten, Nixdorf

[kv̥]: Querfurt

[pf]: Bopfingen

9a zwei, sechs, zehn, zwölf, rechts, links, Blitz, zählen, Kopf, Qualität

[A2] Anhang 2

Wortlisten

Wörter

		Englisch	Ihre Sprache
Ach!	[ax]	Oh!	
acht	[axt]	eight	
achtzehn	['axt͜tse:n]	eighteen	
die Adresse	[adʁ'ɛsə]	address	
Afrika	['a:fʁ̥ika:] *(Kontinent)*	Africa *(continent)*	
alle	['alə]	all; everybody	
Amerika	[am'e:ʁika:] *(Kontinent)*	America *(continent)*	
Anna	['ana:] *(Vorname)*	Anna *(personal name)*	
der Arm	[aʁm]	arm	
die Ärztin	['ɛʶtstɪn]	doctor *(a woman)*	
Asien	['a:zi̯ən] *(Kontinent)*	Asia *(continent)*	
Au!	[ao̯]	Ow!	
aus	[ao̯s]	from	
Australien	[ao̯stʁ'a:li̯ən] *(Kontinent)*	Australia *(continent)*	
das Auto	['ao̯to:]	car	
die Autobahn	['ao̯to:ba:n]	highway	
der Bahnhof	['ba:nho:f]	train station	
der Ball	[bal]	ball	
die Bank	[baŋk]	bank; bench	
das Bein	[baɛ̯n]	leg	
Berlin	[bɛʶl'i:n] *(Stadt)*	Berlin *(capital city of Germany)*	
der Besuch	[bə'zu:x]	visit	
Bielefeld	[b'i:ləfɛlt] *(Stadt)*	Bielefeld *(city in Germany)*	
das Bier	[bi:ᵄ]	beer	
die Biere	[b'i:ʁə] *(Pl. von: das Bier)*	beers	
das Bild	[bɪlt]	picture	
bitte	[b'ɪtə]	please, you're welcome	
bitter	[b'ɪtɐ]	bitter	
der Blitz	[blɪts]	lightning	
die Blume	[b'lu:mə]	flower	
die Blumen	[b'lu:mən] *(Pl. von: die Blume)*	flowers	
das Bonbon	[bɔŋb'ɔŋ]	candy	
Bonn	[bɔn]	Bonn *(city in Germany)*	
das Boot	[bo:t]	boat	
Bopfingen	[b'ɔpfɪŋən] *(Stadt)*	Bopfingen *(city in Germany)*	
Bremen	[bʁ'e:mən] *(Stadt)*	Bremen *(city in Germany)*	
der Brief	[bʁi:f]	letter *(to be sent in the mail)*	
die Brille	[bʁ'ɪlə]	glasses	
das Brot	[bʁo:t]	bread	
das Brötchen	[bʁ'ø:tçən]	*(bread)* roll	
das Buch	[bu:x]	book	
die Bücher	[b'y:çɐ] *(Pl. von: das Buch)*	books	

		Englisch	Ihre Sprache
die Buchstaben	[bˈuːxʃtaːbm̩] *(Pl. von Buchstabe)*	letters *(to spell words)*	
der Bus	[bʊs]	bus	
die Butter	[bˈʊtɐ]	butter	
China	[çˈiːnaː] *(Land)*	China *(country)*	
der Clown	[klaɔ̯n]	clown	
die Cola	[kˈoːlaː]	cola, soda	
der Computer	[kɔmpʝˈuːtɐ]	computer	
das Dach	[dax]	roof	
danke	[dˈaŋkə]	thank you	
das Datum	[dˈaːtʊm]	date *(on a calendar)*	
der Dienstag	[dˈiːnstaːk]	Tuesday	
dienstags	[dˈiːnstaːks]	*(on every)* Tuesday	
drei	[dʁaɛ̯]	three	
dreißig	[dʁˈaɛsɪç], […ɪk]	thirty	
dreizehn	[dʁˈaɛ̯tseːn]	thirteen	
Dresden	[dʁˈeːsdn̩] *(Stadt)*	Dresden *(city in Germany)*	
das Eis	[aɛ̯s]	ice cream	
das Ende	[ˈɛndə]	end	
er	[eːᵊ]	he	
die Erde	[ˈeːᵊdə]	Earth; dirt	
Essen	[ˈɛsn̩] *(Stadt)*	Essen *(city in Germany)*	
der Euro	[ˈɔœ̯ʁoː]	Euro	
Europa	[ɔœ̯ʁˈoːpaː] *(Kontinent)*	Europe *(continent)*	
die Fahrkarte	[fˈaːᴿkaᴿtə]	ticket *(for transportation only)*	
fein	[faɛ̯n]	fine *(adj.)*	
der Fisch	[fɪʃ]	fish	
die Flasche	[flˈaʃə]	bottle	
der Flughafen	[flˈuːkhaːfn̩]	airport	
das Flugzeug	[flˈuːktsɔœ̯k]	airplane	
das Foto	[fˈoːtoː]	photo, photograph	
die Frau	[fʁ̥aɔ̯]	woman; wife	
fröhlich	[fʁ̥ˈøːlɪç]	cheerful	
der Fühler	[fˈyːlɐ]	antenna *(on an insect)*	
fünf	[fʏnf]	five	
für	[fyːᵊ]	for	
der Fuß	[fuːs]	foot	
der Garten	[gˈaᴿtn̩]	garden; yard	
gelb	[gɛlp]	yellow	
das Geld	[gɛlt]	money	
Gera	[gˈeːʁaː] *(Stadt)*	Gera *(city in Germany)*	
gern	[gɛᴿn]	gladly	
das Gewitter	[gəvˈɪtɐ]	*(thunder)*storm	
das Glas	[glaːs]	glass	
gut	[guːt]	good	
der Hahn	[haːn]	cock	
Halle	[hˈalə] *(Stadt)*	Halle *(city in Germany)*	

		Englisch	Ihre Sprache
hallo	[hˈaloː]	hello	
Hamburg	[hˈambʊʁk] *(Stadt)*	Hamburg *(city in Germany)*	
die Hand	[hant]	hand	
die Hände	[hˈɛndə] *(Pl. von: die Hand)*	hands	
Handy	[hˈɛndiː]	cell phone	
Hanna	[hˈanaː] *Vorname*	Hanna*(h) (personal name)*	
das Haus	[haɔ̯s]	house; building	
die Häuser	[hˈɔœ̯zɐ] *(Pl. von: das Haus)*	houses; buildings	
das Heft	[hɛft]	exercise book	
heiß	[haɛ̯s]	hot	
der Herr	[hɛᵄ]	*(gentle)*man; Lord	
Hessen	[hˈɛsn̩] *(Bundesland)*	Hesse *(state/province in Germany)*	
heute	[hˈɔœ̯tə]	today	
hier	[hiːᵄ]	here	
hierher	[hˈiːᵄheːᵄ]	here *(implied motion towards here)*	
das Hobby	[hˈɔbiː]	hobby	
das Hotel	[hotˈɛl]	hotel	
ich	[ɪç]	I	
ihr	[iːᵄ]	you *(pl. informal)*	
Ina	[ˈiːnaː] *(Vorname)*	Ina *(personal name)*	
Inge	[ˈɪŋə] *(Vorname)*	Inge *(personal name)*	
Ingo	[ˈɪŋgoː] *(Vorname)*	Ingo *(personal name)*	
die Insel	[ˈɪnzl̩]	island	
der Irak	[iʁˈaːk] *(Land)*	Iraq *(country)*	
Italien	[itˈaːli̯ən] *(Land)*	Italy *(country)*	
ja	[jaː]	yes	
die Jacke	[jˈakə]	jacket	
der Junge	[jˈʊŋə]	boy	
der Kaffee	[kˈafeː]	coffee	
der Kamm	[kam]	comb	
die Karte	[kˈaᵄtə]	card; map	
die Karten	[kˈaᵄtn̩] *(Pl. von: die Karte)*	cards; maps	
die Kartoffeln	[kaᵄtˈɔfln̩] *(Pl. von: die Kartoffel)*	potatoes	
kaufen	[kˈaɔ̯fn̩]	to buy	
das Klavier	[klavˈiːᵄ]	piano	
das Kleid	[klaɛ̯t]	dress	
der Knopf	[knɔpf]	button	
der Koffer	[kˈɔfɐ]	suitcase	
Köln	[kœln] *(Stadt)*	Cologne *(city in Germany)*	
der Kopf	[kɔpf]	head	
der Kurs	[kʊᵄs]	course, class	
Kurt	[kʊᵄt]	Kurt *(personal name)*	
kurz	[kʊᵄts]	short	
lachen	[lˈaxn̩]	to laugh	
das Land	[lant]	country	
lang	[laŋ]	long	

		Englisch	Ihre Sprache
Lehrte	[lˈeːɐ̯tə] *(Stadt)*	Lehrte *(city in Germany)*	
leider	[lˈae̯dɐ]	unfortunately	
Leipzig	[lˈae̯ptsɪç] *(Stadt)*	Leipzig *(city in Germany)*	
leise	[lˈae̯zə]	quiet, quietly	
die Lektion	[lɛktsiˈoːn]	lesson	
lesen	[lˈeːzn̩]	to read	
links	[lɪŋks]	left, on the left	
der Löffel	[lˈœfl̩]	spoon	
Luzern	[lutsˈɛʁn] *(Stadt, Schweiz)*	Lucerne *(city in Switzerland)*	
das Mädchen	[mˈɛːtçən]	girl	
der Mai	[mae̯]	May	
Mainz	[mae̯nts] *(Stadt)*	Mainz *(city in Germany)*	
der Mann	[man]	man; husband	
die Männer	[mˈɛnɐ] *(Pl. von: der Mann)*	men	
der Montag	[mˈoːntaːk]	Monday	
montags	[mˈoːntaːks]	on Mondays	
München	[mˈʏnçn̩] *(Stadt)*	Munich *(city in Germany)*	
Münster	[mˈʏnstɐ] *(Stadt)*	Münster *(city in Germany)*	
das Museum	[muzˈeːʊm]	museum	
Müsli	[mˈyːsliː]	muesli, granola	
die Nase	[nˈaːzə]	nose	
nein	[nae̯n]	no	
neu	[nɔœ̯]	new	
neun	[nɔœ̯n]	nine	
neuntausend	[nˈɔœ̯ntao̯zn̩t]	nine thousand	
nicht	[nɪçt]	not	
Nixdorf	[nˈɪksdɔʁf] *(Stadt)*	Nixdorf *(city in Germany)*	
der November	[nɔvˈɛmbɐ]	November	
der Ober	[ˈoːbɐ]	waiter	
Oh!	[oː]	Oh!	
das Ohr	[oːɐ̯]	ear	
die Ohren	[ˈoːʁən] *(Pl. von: das Ohr)*	ears	
der Oktober	[ɔktˈoːbɐ]	October	
das Öl	[øːl]	oil	
der Osten	[ˈɔstn̩]	East, east	
Österreich	[ˈøːstɐʁae̯ç] *(Land)*	Austria *(country)*	
Paderborn	[paːdɐbˈɔʁn] *(Stadt)*	Paderborn *(city in Germany)*	
die Phonetik	[fonˈeːtɪk]	phonetics	
der Pilot	[pilˈoːt]	pilot	
die Pizza	[pˈɪtsaː]	pizza	
der Platz	[plats]	place; space; town square	
Polen	[pˈoːlən] *(Land)*	Poland *(country)*	
die Post	[pɔst]	mail	
der Preis	[pʁae̯s]	price; prize	
die Puppe	[pˈʊpə]	doll	
das Quadrat	[kvadʁˈaːt]	square	

		Englisch	Ihre Sprache
die Qualität	[kv̥aliˈtɛːt]	quality	
quer	[kv̥eːɐ̯]	diagonal	
Querfurt	[kv̥ˈeːɐ̯fʊɐ̯t] *(Stadt)*	Querfurt *(city in Germany)*	
das Radio	[ʁˈaːdi̯oː]	radio	
der Rand	[ʁant]	edge	
rechnen	[ʁˈɛçnən]	to calculate	
recht	[ʁɛçt]	right	
rechts	[ʁɛçts]	on the right	
der Regen	[ʁˈeːgŋ̍]	rain	
Regensburg	[ʁˈeːgŋ̍sb̥ʊɐ̯k] *(Stadt)*	Ratisbon *(city in Germany)*	
der Reis	[ʁaɛ̯s]	rice	
die Reise	[ʁˈaɛ̯zə]	trip	
Rostock	[ʁˈɔstɔk] *(Stadt)*	Rostock *(city in Germany)*	
rot	[ʁoːt]	red	
Russland	[ʁˈʊslant] *(Land)*	Russia *(country)*	
Saarbrücken	[zaːɐ̯bʁˈʏkŋ̍] *(Stadt)*	Saarbrücken *(city in Germany)*	
Salzburg	[zˈaltsb̥ʊɐ̯k] *(Stadt, Österreich)*	Salzburg *(city in Austria)*	
die Schere	[ʃˈeːʁə]	*(pair of)* scissors	
schick	[ʃɪk]	chic, fancy	
das Schild	[ʃɪlt]	sign	
der Schirm	[ʃɪɐ̯m]	screen; umbrella	
schlecht	[ʃlɛçt]	bad	
der Schnee	[ʃneː]	snow	
schön	[ʃøːn]	beautiful	
der Schrank	[ʃʁ̥aŋk]	closet; cabinet	
die Schüssel	[ʃˈʏsl̩]	bowl	
die Schweiz	[ʃv̥aɛ̯ts] *(Land)*	Switzerland (country)	
Schwerin	[ʃv̥eʁˈiːn] *(Stadt)*	Schwerin *(city in Germany)*	
sechs	[zɛks]	six	
sechzehn	[zˈɛçtseːn]	sixteen	
sechzig	[zˈɛçtsɪç]	sixty	
der See	[zeː]	lake	
sehen	[zˈeːən]	to see	
sehr	[zˈeːɐ̯]	very	
der Sessel	[zˈɛsl̩]	comfy chair, easy chair	
sieben	[zˈiːbm̩]	seven	
singen	[zˈɪŋən]	to sing	
so	[zoː]	so	
die Söhne	[zˈøːnə] *(Pl. von: der Sohn)*	sons	
Solingen	[zˈoːlɪŋən] *(Stadt)*	Solingen *(city in Germany)*	
der Sonntag	[zˈɔntaːk]	Sunday	
sonntags	[zˈɔntaːks]	*(on every)* Sunday	
der Sport	[ʃpɔɐ̯t]	sport	
die Sprache	[ʃpʁ̥ˈaːxə]	language	
die Sprachen	[ʃpʁ̥ˈaːxn̩] *(Pl. von: die Sprachen)*	languages	
sprechen	[ʃpʁ̥ˈɛçn̩]	to speak	

		Englisch	Ihre Sprache
der Staat	[ʃta:t]	state	
die Stadt	[ʃtat]	city	
die Städte	[ʃt'ɛ:tə] *(Plural von: die Stadt)*	cities	
der Stift	[ʃtɪft]	pen; pencil *(writing utensil)*	
die Straße	[ʃtʁ'a:sə]	street	
der Stuhl	[ʃtu:l]	chair	
die Stühle	[ʃt'y:lə] *(Pl. von: der Stuhl)*	chairs	
Stuttgart	[ʃt'ʊtgaᵘt] *(Stadt)*	Stuttgart *(city in Germany)*	
der Süden	[z'y:dn̩]	South, south	
die Suppe	[z'ʊpə]	soup	
die Tafel	[t'a:fl̩]	chalkboard, blackboard	
der Tag	[ta:k]	day	
die Tankstelle	[t'aŋkʃtɛlə]	gas/petrol station *(Am./Br.)*	
die Tasche	[t'aʃə]	bag	
die Tasse	[t'asə]	cup, mug	
das Taxi	[t'aksi:]	taxi	
der Tee	[te:]	tea	
das Telefon	[t'e:lefo:n]	telephone	
teuer	[t'ɔœ̯ɐ]	expensive	
das Theater	[te'a:tɐ]	theater	
der Tisch	[tɪʃ]	table	
die Tochter	[t'ɔxtɐ]	daughter	
die Töchter	[t'œxtɐ] *(Pl. von: die Tochter)*	daughters	
der Topf	[t'ɔpf]	pot	
die Töpfe	[t'œpfə] *(Pl. von: der Topf)*	pots	
Trier	[tʁ̥i:ᵉ] *(Stadt)*	Trier *(city in Germany)*	
trinken	[tʁ̥'ɪŋkŋ̍]	to drink	
Tschüss!	[tʃʏs]	Bye!	
das Tuch	[tu:x]	towel	
die Türkei	[tʏᵘk'aɛ̯] *(Land)*	Turkey *(country)*	
die Tüte	[t'y:tə]	*(small)* bag	
typisch	[t'y:pɪʃ]	typical	
die Übung	['y:bʊŋ]	exercise, practice	
die Uhr	[u:ᵉ]	clock	
die Uhren	['u:ʁən] *(Pl. von: die Uhr)*	clocks	
die Vase	[v'a:zə]	vase	
der Vater	[f'a:tɐ]	father	
verstehen	[fɐʃt'e:ən]	to understand	
Verzeihung	[fɐts'aɛ̯ʊŋ]	pardon, forgiveness	
vier	[fi:ᵉ]	four	
das Visum	[v'i:zʊm]	visa *(to enter a country)*	
der Vogel	[f'o:gl̩]	bird	
der Vokal	[vok'a:l]	vowel	
die Vokale	[vok'a:lə] *(Pl. von: der Vokal)*	vowels	
das Wasser	[v'asɐ]	water	
der Wein	[vaɛ̯n]	wine	

		Englisch	Ihre Sprache
das Wẹtter	[vˈɛtɐ]	weather	
wi̲r	[viːᵄ]	we	
Wọlfsburg	[vˈɔlfsbʊʶk] *(Stadt)*	Wolfsburg *(city in Germany)*	
die Wọlke	[vˈɔlkə]	cloud	
die Wụrst	[vʊʶst]	sausage	
das Wụ̈rstchen	[vˈʏʶstçən]	little sausage	
Xạnten	[ksˈantn̩] *(Stadt)*	Xanten *(city in Germany)*	
Ỵpsilon	[ˈʏpsilɔn]	y	
z**äh**len	[tsˈɛːlən]	to count	
der Z**ah**n	[tsaːn]	tooth	
der Z**ah**narzt	[tsˈaːnˀaʶtst]	dentist	
z**eh**n	[tsɛːn]	ten	
die Z**ei**tung	[tsˈaɛ̯tʊŋ]	newspaper	
der Z**oo**	[tsoː]	zoo	
z**u**	[tsuː]	to; too; closed	
der Zụcker	[tsˈʊkɐ]	sugar	
der Z**u**g	[tsuːk]	train	
zw**ei**	[tsv̥aɛ̯]	two	
Zwịckau	[tsv̥ɪkaɔ̯] *(Stadt)*	Zwickau *(city in Germany)*	
zwọ̈lf	[tsv̥œlf]	twelve	

Äußerungen

Äußerung	Englisch	Ihre Sprache
Achtung! Auf Wiedersehen! Bleib (doch) bitte! Das ist (nicht) teuer!	Watch out! Goodbye! Please stay! That's (not) expensive!	
Das kaufe ich. Das tut weh! Ein Bier bitte! Ein bisschen.	I'm going to buy this. That hurts! One beer, please! A little (bit).	
Drei Brötchen mit Wurst. Geh (doch) bitte! Gute Nacht! Guten Abend!	Three rolls with sausage. Please leave! Good night! Good evening!	
Guten Morgen! Guten Tag! Herr Ober Hier bitte!	Good morning! Hello! Waiter *(calling him to get his attention)* Right here, please!	
Ich heiße … Ich rechne. im Ei im Mai	My name is … I'm calculating./I'm thinking. in the egg in May	
Komm (doch) bitte! Mir geht es (sehr) gut! Mir geht es (sehr) schlecht.	Please come!; Come here, please! *(depends on tone of voice)* I'm doing *(very)* well! I'm *(really)* not doing *(very)* well.	
Na gut! Sprechen Sie Deutsch? Vielen Dank! von Ina	Ok! Do you speak German? Thank you! from Ina	
von Nina Wie bitte? Wie geht es dir? Wie geht es Ihnen?	from Nina Pardon me? How are you? *(sing. informal)* How are you? *(sing. or pl. formal)*	
Wie heißen Sie? Wie heißt du? Wie viel kostet …?	What's your name? *(formal)* What's your name? *(informal)* How much does … cost?	
Wo finde ich …? Zu teuer! zweiter Mai	Where can I find … Too expensive! May second; the second of May	

Phonetische Fachbegriffe

		Englisch	Ihre Sprache
die Akzentuierung		accentuation	
das Alphabet		alphabet	
betonen		to accent; to emphasize	
der Buchstabe	*Pl.: die Buchstaben*	letter *(to spell words)*	
der Diphthong	*Pl.: die Diphthonge*	diphthong	
die Endung	*Pl.: die Endungen*	ending	
fortis		fortis	
der Frikativ	*Pl.: die Frikative*	fricative	
der Knacklaut		glottal stop	
der Konsonant	*Pl.: die Konsonanten*	consonant	
die Konsonantenverbindung		combination of consonants	
kurz/ungespannt		short/lax	
lang/gespannt		long/tense	
der Laut	*Pl.: die Laute*	phone	
lenis		lenis	
die Melodie		melody	
der Nasal	*Pl.: die Nasale*	nasal	
die Pause	*Pl.: die Pausen*	pause	
die Phonetik		phonetics	
das phonetische Zeichen		phonetic symbol	
der Plosiv	*Pl.: die Plosive*	plosive	
der Präfix	*Pl.: die Präfixe*	prefix	
der Reduktionsvokal		reduced vowel	
der Reim	*Pl.: die Reime*	rhyme	
das Satzzeichen	*Pl.: die Satzzeichen*	punctuation mark	
schwach gespannt		lax	
die Silbe	*Pl.: die Silben*	syllable	
die Spannung		tension	
stark gespannt		tense	
stimmhaft		voiced	
stimmlos		voiceless	
der Vokal	*Pl.: die Vokale*	vowel	
der Vokalneueinsatz		start of vowel articulation	
das Wort	*Pl.: die Wörter*	word	
der Wortakzent		word accent	

Englische Übersetzung: Anni Taylor

[A3] Anhang 3

Hinweise für Lehrer: Zur Arbeit mit dem Kurs

1. Komponenten

Der Phonetische Einführungskurs besteht aus insgesamt 18 Schritten, in denen die wichtigsten phonetischen Themen für eine gute Aussprache in Deutsch als Fremdsprache präsentiert und geübt werden. Hörbeispiele und Übungssequenzen auf der CD und die schriftlichen Hinweise in diesem Buch bilden eine Einheit.

Die 18 Schritte widmen sich folgenden Themen:

- Sensibilisierung für den Klang des Deutschen *(Schritt 1)*
- Alphabet, Buchstabieren, Laut-Buchstaben-Beziehungen *(Schritt 2 und 18)*
- Akzentuierung *(Schritt 3)*
- Melodie *(Schritt 4)*
- Vokale, Diphthonge, Reduktionsvokale *(Schritte 5 bis 8)*
- Konsonanten *(Schritte 9 bis 17)*

2. Lexik

Im Phonetischen Einführungskurs wird vorrangig leicht verständliche und semantisierbare Lexik genutzt, die zum unmittelbaren Lebensumfeld der Lernenden gehört. Hinzu kommen Internationalismen und Namen. Außerdem werden kommunikative Formen und Floskeln *(Bitte! Danke! Guten Tag!)* genutzt, die die Lernenden für einen ersten Kontakt mit Kommunikationspartnern in der deutschen Sprache benötigen.

Die Lexiklisten im Anhang sind alphabetisch geordnet. Sie enthalten in der ersten Spalte den Übungswortschatz der einzelnen Schritte sowie einige wichtige Floskeln *(z. B. Guten Tag!)* und die verwendeten Fachtermini zur Phonetik *(z. B. Konsonant, Vokal, …)*. Außerdem ist die phonetische Transkription (nach dem internationalen phonetischen Alphabet) sowie bei Substantiven ggf. die entsprechende Plural- oder auch Singularform angegeben. Die zweite Spalte enthält jeweils die englische Übersetzung der Wörter. In die dritte (noch freie) Spalte kann ggf. eine Übersetzung in die jeweilige (Mutter-)Sprache der Lernenden eingetragen werden.

3. Aufbau

In jedem Schritt des Phonetischen Einführungskurses wird auf zwei bis drei Seiten ein phonetisches Thema behandelt. Zusätzlich zum phonetischen Thema steht jeder Schritt noch unter einem Motto oder Rahmenthema (z. B. „Tafel und Tasche" ⇨ Dinge im Klassenzimmer).

Die Schritte sind alle ähnlich aufgebaut, jedoch unterscheiden sich die Schritte zu den Vokalen und Konsonanten in einigen Punkten von den Schritten, in denen es um Akzentuierung, Melodie und Laut-Buchstaben-Beziehungen geht. Die Schritte zu den Vokalen und Konsonanten (Schritte 5 bis 17) sind nach folgendem Muster gestaltet:

- Am Beginn jedes Schrittes wird die behandelte phonetische Problematik (z. B. Vokale lang und kurz) mit entsprechenden Wortbeispielen als Übersicht präsentiert. Daneben befindet sich jeweils eine passende Illustration zur verwendeten Lexik, die die Semantisierung vereinfachen soll.
- Es folgen eine Darstellung der wichtigsten Regeln (v. a. Laut-Buchstaben-Beziehungen) und ergänzende Tipps zur Regelanwendung bzw. zur Lautbildung.
- Anschließend werden Möglichkeiten gezeigt, wie die neuen und für die Lerner noch schwierigen Laute artikuliert und geübt werden können. Zur Verdeutlichung sind Illustrationen (z. B. Lippenbilder zum Zeigen der Lippenrundung), Assoziationen und einfache Erklärungen eingefügt.
- Es folgen Hörübungen, die dazu dienen, ähnliche und leicht zu verwechselnde phonetische Phänomene (z. B. lange vs. kurze Vokale) unterscheiden zu lernen.
- In den nachfolgenden Übungen wird – ggf. unter leicht spielerischem Aspekt – zum Nachsprechen und emotionalen Sprechen angeregt. Den Abschluss bildet meist eine Übung, in der das Hören mit dem Anwenden der erlernten Regeln zu den Laut-Buchstaben-Beziehungen verknüpft wird (Lückentexte).
- Die Übungsanweisungen sind leicht verständlich formuliert und wiederholen sich sowohl innerhalb jedes Schrittes als auch schrittübergreifend.

4. Übungstypologie

1 Übungen zum Buchstabieren

Buchstabieren: Die Übung sensibilisiert im Schritt 1 für die Benennung der deutschen Buchstaben. Die Lernenden müssen beachten, dass zwischen der Benennung eines Einzelbuchstabens (d. h. Buchstabieren) und der lautlichen Realisierung eines Buchstabens keine 1:1-Äquivalenz besteht, z. B. wird das Wort Tag als [teː]-[aː]-[geː] buchstabiert, aber als [taːk] gesprochen.

2 Übungen zur Lautanbildung

Laute üben: Die Lernenden sollen versuchen, fremde Artikulationsmuster mit Hilfe der vorgegebenen Hinweise, Illustrationen (z. B. Lippenbilder zur Verdeutlichung der Lippenrundung bei *ö-Lauten*) und Assoziationen (z. B. Lächeln zur Verdeutlichung des Lippenbreitzugs bei [eː]) auszuprobieren. Dabei wird ein einziger Versuch meist nicht ausreichen. Die neuen Artikulationsbewegungen sind oft so ungewohnt, dass sie nicht sofort gelingen, sondern durch mehrmaliges Üben eingeschliffen werden müssen.

3 Hör- und Mitsprechübungen/Nachsprechübungen

Hören und mitlesen: Die Übungen dienen zur Sensibilisierung für das jeweilige phonetische Phänomen. Die Hörbeispiele sollten unbedingt mehrmals gehört und von den Lernenden anfangs still, später leise, halblaut oder laut mitgelesen werden. Auf diese Weise werden neue Artikulations- und Rhythmusmuster eingeschliffen.

Hören und mitsprechen: Die Lernenden sollten versuchen, die Hörbeispiele ohne schriftliche Vorlage parallel mitzusprechen. Gegebenenfalls können Gesten zur Unterstützung verwendet werden, wie z. B. Länge und Kürze von Vokalen mit Handbewegungen zeigen. Entsprechende Tipps werden in den einzelnen Schritten gegeben.

Hören und mitklopfen/mitsummen: Diese Übung wird vorwiegend in den Schritten 3 (Akzentuierung) und 4 (Melodiesierung) eingesetzt. Sie macht den Lernenden bewusst, aus welchen rhythmischen Strukturen die deutsche gesprochene Sprache besteht. Die Lernenden erkennen die Unterschiede zu ihrer Muttersprache und schleifen neue rhythmische Muster besser ein.

Hören und nachsprechen: Die Lernenden hören zuerst das Hörbeispiel und wiederholen es anschließend. Im Unterschied zum sofortigen und parallelen Mitsprechen des Hörbeispiels setzt das eine kurzzeitige Speicherung des gehörten gesprochenen Musters voraus. Auch hierbei sollten möglichst unterstützende Gesten verwendet werden.

4 Kontrollierbare Hörübungen

Hören und markieren oder ankreuzen: Mit dieser kontrollierbaren Hörübung wird das Unterscheiden und Erkennen phonetischer Merkmale geübt. Die Lernenden erwerben die Fertigkeit, in der ihnen noch fremden Sprache z. B. Akzentsilben herauszuhören oder Laute bzw. Merkmale von Lauten zu erkennen und von anderen ähnlichen Lauten zu unterscheiden. Gleichzeitig lässt sich mit Hilfe dieser Übungen kontrollieren, inwieweit diese Fertigkeiten schon ausgeprägt sind.

5 Übungen zum Vorlesen

Buchstaben/Wörter/Wortpaare vorlesen: Die Lernenden sollen ohne zusätzlichen Hörstimulus Buchstabenfolgen als Wörter identifizieren, in Laute transferieren und adäquat aussprechen.

6 Produktive Anwendungsübungen

Allein/Zu zweit (emotional) sprechen: In diesem Übungstyp wird das zuvor Gelernte angewendet. Die Lernenden sollen bspw. kommunikative Wendungen in einer passenden Emotion (meist nach zuvor gehörtem Muster) sprechen, z. B. *A: Wie geht es dir? B: Mir geht es gut!* Dadurch schleifen sich neue Sprechmuster wesentlich besser ein.

Kombinieren: Auch dies ist eine Anwendungsübung, in der aus einzelnen lexikalischen Komponenten komplette kommunikative Äußerungen kombiniert werden sollen.

Wörter sortieren: Die Lerner sollen am Schriftbild des Wortes erkennen, ob ein Wort bspw. mit einem langen oder kurzen Akzentvokal gesprochen wird und es dann in eine entsprechende Tabellenspalte schreiben. Zusätzlich wird also auch das Schreiben geübt. Kenntnisse der Laut-Buchstaben-Beziehungen sind dafür Voraussetzung.

Wörter einer Abbildung zuordnen: Anhand einer Abbildung muss das dazugehörige Wort aus dem Gedächtnis genannt werden und zwar mit der korrekten Aussprache.

7 Hör- und Schreibübungen (Lückendiktate)

Buchstaben schreiben: Bei dieser Übung verbinden sich lautgerechtes Hören und Kenntnis der Laut-Buchstaben-Beziehungen. Die Lerner hören ein Wort und müssen den/die entsprechenden Buchstaben in die jeweilige(n) Lücke(n) schreiben.

5. Einsatzmöglichkeiten

Der Phonetische Einführungskurs kann in Kombination mit jedem beliebigen Sprachkurs und Lehrbuch eingesetzt werden. Er ist geeignet für Lernende aller Ausgangssprachen, weil von einem sogenannten phonetischen Minimum ausgegangen wird, das allen DaF-Lernenden eine reibungslose Kommunikation mit einer guten Aussprache auf Deutsch ermöglicht. Er ist so konzipiert, dass sich verschiedene Einsatzmöglichkeiten ergeben. Dabei spielen vor allem zwei Überlegungen eine Rolle.

1. Überlegung: Muss man den kompletten Phonetischen Einführungskurs durcharbeiten oder kann man Teile daraus auswählen?

1. Wenn der komplette Kurs durchgearbeitet wird, kann dies erfolgen:
   a) in der vorgegebenen Schrittfolge 1–18
   b) in einer beliebigen anderen Schrittfolge, z. B. Schritt 8 (Diphthonge) wird erst nach der Behandlung von Schritt 10 (Plosive) bearbeitet.
2. Es lassen sich auch nur ausgewählte und für die Lernenden besonders relevante Schritte herausgreifen.

Empfehlenswert ist der Einsatz des kompletten Kurses in der vorgegebenen Reihenfolge. Es ist ratsam, mit Schritt 1 (Sensibilisierung für den Klang der Sprache) zu beginnen und danach zuerst die besonders relevanten sprachlichen Merkmale der Akzentuierung und Melodie zu üben. Diese sind für eine reibungslose Kommunikation besonders wichtig. Außerdem treten manche Artikulationsprobleme oft gar nicht erst auf, wenn Akzentuierung und Melodie der Sprache schon gut beherrscht werden. Sehr wichtig ist auch eine korrekte Artikulation der Vokale. Dagegen werden kleinere Fehler bei der Aussprache der Konsonanten eher toleriert.

2. Überlegung: Nach welchen Kriterien wählt man einzelne Schritte mit entsprechenden phonetischen Themen für die Lerner aus?

Die Lernenden übertragen Aussprachegewohnheiten und -regeln ihrer Ausgangssprache unbewußt und automatisch in die Fremdsprache Deutsch. Oftmals passen diese jedoch nur zum Teil bzw. überhaupt nicht: So werden z. B. in anderen Sprachen viele Buchstaben anders ausgesprochen, es gibt keine ö- und ü-Laute, Wörter werden anders betont usw. Aus diesem Grund haben die Lernenden Mühe, die fremden Laute zu erkennen und auszusprechen. Deutlich wird das am sogenannten fremden Akzent, der durch Interferenzen aus der Ausgangssprache entsteht.

Die 18 Schritte des Phonetischen Einführungskurses sind für fast alle Ausgangssprachen relevant, da die Lernenden einen Überblick über die Laut-Buchstaben-Beziehungen und die wichtigsten Ausspracheregeln des Deutschen erhalten. Es ist wünschenswert, dass sie dabei Gemeinsamkeiten zur eigenen Sprache entdecken (positiver Transfer), aber auch und vor allem, dass sie neue Regeln und Fertigkeiten für die Anwendung des Deutschen als Fremdsprache erlernen.

Detaillierte Informationen zu den Ausspracheschwierigkeiten von Lernenden verschiedener Ausgangssprachen finden Sie in den Materialien „Phonetik international" *(http://www.phonetik-international.de/p-phonetik).*

3. Überlegung: Wann und in welchem Unterrichtskontext lässt sich der Kurs einsetzen?

Folgende Einsatzmöglichkeiten sind denkbar:

1. vor Beginn jedes beliebigen Sprachkurses (da die Lernenden keine oder nur ganz geringe Kenntnisse der deutschen Sprache besitzen müssen)
2. begleitend neben den ersten Lektionen des jeweils verwendeten Lehrwerkes
3. in Form ausgewählter Schritte oder Übungsfolgen aus den Schritten zu jedem beliebigen Zeitpunkt eines Sprachkurses
4. als Selbstlernmaterial zu Hause oder in der Mediothek zu jedem beliebigen Zeitpunkt.

Eine genaue Zeitvorgabe für die Bearbeitung des gesamten Materials, eines einzelnen Schrittes oder einer Übung lässt sich nicht angeben. Der notwendige zeitliche Umfang für die Übungen hängt von der Lernergruppe und vom sonstigen Zeitkonzept ab.

Es empfiehlt sich zwar, alle Übungen mehrmals zu wiederholen, um ein möglichst gutes Ausspracheergebnis zu erreichen. Steht aber nur wenig Zeit zur Verfügung, ist es dennoch hilfreich, die Lernenden vor Beginn des Sprachkurses wenigstens kurz mit den Schwerpunkten und Strukturen der deutschen Aussprache vertraut zu machen.

Es ist sowohl möglich, jedem Schritt eine komplette Unterrichtseinheit à 45 Minuten zu widmen als auch in einer Unterrichtseinheit zwei, drei oder mehr Schritte (bzw. ausgewählte Teile daraus) zu behandeln.

Mit dem Phonetischen Einführungskurs wird die Basis für alle späteren Übungen und eine erfolgreiche Kommunikationsfähigkeit in der Fremdsprache geschaffen. Die wenige Zeit, die dafür anfangs eingeplant werden muss, zahlt sich also später doppelt und dreifach aus, v. a., weil sich erst gar keine falschen Aussprachemuster einschleifen.

Viel Erfolg und viel Freude bei der wichtigen Arbeit an der Aussprache. Bitte widmen Sie diesem Thema während des gesamten Sprachkurses Aufmerksamkeit und Zeit. Es lohnt sich!